J. Pilster, K. Bauer, C. Brosig (Hrsg.)

in_between 2022
- Konferenzband

mit Beiträgen von

Jens Dröge, Jens Gärtner, Cordelia Hagi, Jan Kausch, Michel Knecht,
Ulrich Pfeiffer, Miriam Sasse, Björn Schotte, Heiko Schröder,
Arndt Sönnichsen, Michaela Wessels-Schneider

Bibliografische Information der Deutschen Nationalbibliothek:

Die Deutsche Nationalbibliothek verzeichnet diese Publikation in der Deutschen Nationalbibliografie; detaillierte bibliografische Daten sind im Internet über http://dnb.dnb.de abrufbar.

Dieses Werk ist urheberrechtlich geschützt.

Alle Rechte, auch die der Übersetzung, des Nachdrucks, der Vervielfältigung dieses Buches, oder Teilen daraus, vorbehalten. Die Verwendung von Texten und Abbildungen, auch auszugsweise, ist ohne schriftliche Genehmigung der Herausgeber bzw. der Autoren urheberrechtswidrig und damit strafbar. Dies gilt insbesondere für die Vervielfältigung, Übersetzung oder die Verwendung in elektronischen Systemen. Es wird darauf hingewiesen, dass die im Buch verwendeten Bezeichnungen sowie Markennennungen und Produktbezeichnungen der jeweiligen Firmen im Allgemeinen warenzeichen-, marken- oder patentrechtlichem Schutz unterliegen. Alle Angaben und Programme in diesem Buch wurden mit größter Sorgfalt geprüft. Weder Autoren noch Verlag können für Schäden, die in Zusammenhang mit der Verwendung dieses Buches stehen, haftbargemacht werden.

© 2023 brainspire Holding GmbH, Karlstr. 37, 89073 Ulm, info@brainspire.de

Vorwort:	Wolf Lotter
Herausgeber:	Juliane Pilster, Kai Bauer, Christian Brosig
Herstellung und Verlag:	BoD – Books on Demand, Norderstedt

ISBN: 978-3-7386-2665-0

„Führung findet nicht mehr nur durch klassische Führungskräfte statt, sondern überall dort, wo Verantwortung übernommen wird."

INHALTSVERZEICHNIS

Inhaltsverzeichnis 6

Abbildungsverzeichnis 7

Vorworte 9

    Bewegliche Ziele 9

    Wir sind immer auf dem Weg, nie am Ziel 14

    Blick hinter die Kulissen 16

Betwixt & Between – Nicht mehr alt und noch nicht neu 24

Innovation in selbstorganisierten Produktionsteams 40

Wenn Inkremente zu Exkrementen werden: Vom Scheitern agiler Transformationen 46

Die Rückseite der Medaille – Psychologische Stolperfallen „agiler" Organisationsentwicklung 55

Remote und Asynchrone Zusammenarbeit & Führung: Die besten Tipps & Tricks . 69

Spielerisch zum Erfolg im Business 76

Co-kreativ in die Zukunft – LEGO® SERIOUS PLAY® als Instrument partizipativer Führung und Zusammenarbeit 87

ABBILDUNGSVERZEICHNIS

Abbildung 1: Liminalität 27

Abbildung 2: Die drei Säulen agiler Führung im neuen Rollen- und Zusammenarbeitsmodell als Rahmen, in dem Selbstorganisation zur Entfaltung kommen soll 57

Abbildung 3: Ein Architekturmodell als Leitgedanke für Produktentwicklung und Aufbauorganisation 58

Abbildung 4: Bedürfnispyramide nach Abraham Maslow 63

Abbildung 5: Vereinfachte Darstellung von Faktoren, die zur kognitiven (Über-)Last beitragen 65

Abbildung 6: Brain2Business™ Tool 81

Abbildung 7: Würfel: Blau 3, Rot 4 85

Abbildung 8: Die LEGO® SERIOUS PLAY® Baustufen 94

Abbildung 9: Der LEGO® SERIOUS PLAY® Kernprozess 95

Abbildung 10: Teilnehmer eines Workshops, die voller Konzentration die Antwort auf eine komplexe Fragestellung bauen. 97

VORWORTE

Wolf Lotter
Bewegliche Ziele

*Echte Diversität ist mehr als nur eine weitere Schublade,
in die Menschen gepackt werden können.
Wer die Transformation ernst nimmt, sieht nicht alle gleich,
sondern sucht nach guten Unterschieden.*

Wolf Lotter

Transformation, das sagt sich leicht. Auch Nachhaltigkeit sagt sich leicht, Klimaschutz, Menschenrechte und Gerechtigkeit. Von all dem wird viel geredet, aber es wird dabei wenig gesagt. Und weil Wörter so geduldig sind wie die Menschen, die sie benutzen, kommt wenig dabei raus. Das dürfen wir nicht zulassen, weil wir Begriffe, deren Sinn wir nicht ernst nehmen, gestatten, uns und andere Menschen nicht ernst zu nehmen.

Transformation heißt Verwandlung, vor allem andere der alten Weltbilder und Kulturen in neue Sichtweisen. Es geht also ums Ganze, ums Menschenbild. Aber was ist das eigentlich, ein Menschenbild? Bisher dachten wir, dass man für ein scharfes Menschenbild irgendeine Form von Einordnung bräuchte, eine politische, kulturelle Erklärung für das, was Menschen ausmacht und wie wir sie sehen sollten. Kaum jemand in der Geschichte hat behauptet, er könne Menschen an sich nicht leiden und wolle sie ausbeuten, sehe sie nur als Verbraucher und Konsumenten oder gar als Kanonenfutter für Kriege, die für alles Mögliche geführt werden, nur nicht für den Menschen an sich. Nun aber ist die Sache mit dem Menschenbild seit der Aufklärung gar nicht so schwer zu verstehen: Es geht darum, dass die und der Einzelne nach ihrer Fasson, nach ihrem eigenen Gutdünken, glücklich werden sollen. Glücklich ist natürlich nicht jenes uns so hartnäckig von Werbung, Kultur und Ideologien nahegelegenes himmelhoch Jauchzende, sondern schlicht die Zufriedenheit mit dem eigenen Ich. Diese Selbstzufriedenheit ist keine Überheblichkeit, sondern ein Menschenrecht. Oder kürzer: Nur Einzelgerechtigkeit, auch sich selbst gegenüber, ist wirklich gerecht. Der

Mensch soll sich entfalten dürfen, nicht nach dem Willen einer Partei, einer Regierung, eines Chefs oder einer Unternehmenskultur, in der wortreich festgeschrieben wird, was gut ist und was nicht, und dass sich daran jeder und jede gefälligst halten soll. Das eben nicht. Ein Menschenbild, wie es ins 21 Jahrhundert passt, geht weit über das hinaus, was im Abendland die letzten 3000 Jahre – seit den Zeiten der ersten Athenischen Denker, die unsere Kultur so beeinflusst haben, für "normal" gehalten wird: Dass einige wenige den anderen, den Vielen, sagen, was gut und richtig ist für sie. Gleichheit ist nicht gerecht.

Gleichheit ist wichtig, vor Gericht etwa, oder bei der Entlohnung für eine wirklich gleiche Tätigkeit, oder bei der Frage, wie wir uns auf Straßen verhalten sollen. Aber das wirkliche Leben kennt keine Straßenverkehrsordnung. Unsere Kultur hat das immer behauptet, und die letzten 250 Jahre, die Industriegesellschaft und ihre Kultur, haben das in Stein gemeißelt. Originelles, Einzigartiges, Unterschiedliches, das in der Vielfalt erkennbar ist, also im wahrsten Sinne divers, das ist in dieser Gesellschaft nicht gefragt gewesen. Die Industriegesellschaft war und ist eine Massengesellschaft, in der Ungleiches gleich gemacht wird, unpassend passend. So sind unsere Kindergärten, Schulen, Unternehmen immer noch, auch wenn sie die Aufklärung schon zaghaft erreicht, die unablässig sagt: Jeder Mensch ist anders, und es geht darum, daraus was zu machen.

Diversität, die nur als M/W/D besteht, greift einfach zu kurz. Aus einer Welt der gleichförmigen Männer wird eine gleichförmige Welt von Mann, Frau, Transgender. Das reicht lange nicht. Was gebraucht wird, ist der persönliche Unterschied. Das Prinzip der Massengesellschaft ist das Kollektiv, die Gleichförmigkeit, die Norm, der Standard, die Einheit. Einige dieser Worte stehen in Deutschland unter besonderem Schutz. Trotz massiv gegenteiliger historischer Erfahrung beschwören wie selbstverständlich die Vorzüge des Schwarms und der "Gemeinschaft" gegenüber dem persönlichen Unterschied. Das Ich gilt als verdächtig, dass wir gut. Ist das so? Es ist dann nicht so, wenn das Ich nichts weiter ist als das ungeliebte Anhängsel des Großen und Ganzen, dass es nur sein darf, wenn es sich wie ein Zahnrad in Unternehmen, Gesellschaft und Arbeitswelt einfügt. Das Einzelne gilt als "egoistisch", der Unterschied zur Norm als negativ verstandene Abweichung. Das Problem ist eigentlich klar zu sehen: Wer nicht abweicht, anders denkt, alternativ, zweifelnd, kritisch, sich selbst dabei ernst nehmend, der kommt nie auf Problemlösungen, die es bisher nicht gab. Deshalb ist unsere Gesellschaft so innovativ, so schlecht in Transformation. Wir haben eine Kultur, in der nur die Unbeweglichen, die Unsichtbaren wirklich geschätzt werden. Die sich kenntlich machen, ganz gleich, ob als Frau, Unternehmer, Innovatoren und Zweifelnde, die stören in einer solchen Kultur massiv. Transformation ist das Programm dagegen. Dass wir uns verändern müssen, hat ja genau mit dieser Ursache, dieser Wurzel unserer Bewegungsunfähigkeit zu tun. Die Welt ist nur gerecht, wenn sie einen Unterschied macht, wer gerade in welchem Kontext was braucht. Wir beklagen beispielsweise die Gießkannen Politik bei der Ausschüttung staatlicher Hilfen, eigentlich ein gutes Zeichen dafür, dass wir positive Unterschiede noch nicht ganz verlernt haben. Aber wir empfinden es als ungerecht, wenn man uns "vergisst", wie wir vorschnell sagen, auch wenn wir uns ganz prima selbst helfen können. Gebt nicht dem Gesetz die Schuld, der Verfassung. Die kennt, in Europa wie im deutschen Grundgesetz, selbstverständlich die Regel der Subsidiarität, also dass, wer sich helfen kann, das auch tun möchte und erst dort, wo es nicht mehr geht, auf die dann viel zielgenaue Hilfe anderer hoffen darf. So ist es richtig. Warum sollte es dann im Unternehmen falsch sein, mehr zu differenzieren? Die Antwort ist so einfach, dass es wehtut. Klassisches Management kann mit Differenz nicht umgehen. Das Management, wie wir es kennen, ist ein Kinder der Normen Liebe der Industriegesellschaft. Es geht darum, möglichst viel zu vereinheitlichen, das ist der Beruf. Es geht darum, "die Dinge richtig zu machen", und das bedeutet in dieser Regel bedeutet, dass sie nach einem Muster getan werden. Nichts gegen Routinen, sie haben ihren Zweck und ihren Nutzen. Wo wir aber nicht mehr unterscheiden, ob es um Menschen oder Maschinen geht, nivellieren wir wirtschaftliches und innovatives Potenzial auf einer Flatline, mit der sich nicht mal erhalten lässt, was wir schon haben. Oder, um es mit der Kulturwissenschaftlerin Margaret Mead zu sagen: "Diversity is a resource, not a handicap". Das wiederum verstanden zu haben führt zu Transformations- und Innovationsfähigkeit, also zur real existierenden Veränderung. Auch die Marktwirtschaft baut, wie aller menschlicher Fortschritt, nicht auf Gleichmacherei, sondern Differenz, auf guten Wettbewerb - und nicht etwa monopolistische Gewalt, mit der die Konkurrenz in die Knie gezwungen wird. Industrialistisches Denken, dass der vielfältigen Wissensökonomie des digitalen Zeitalters und seiner Netzwerke vollständig widerspricht, dass besteht aber aus diesem Streben nach Einheit, Monopol, Vormacht und Alleinherrschaft. Es geht immer darum, der "Marktführer" zu sein, nicht darum, die besten Produkte und Ideen für die Menschen bereitzustellen, die wiederum von Menschen gedacht werden, die auf die sehr unterschiedlichen Bedürfnisse von Menschen auch eingehen wollen. In gesättigten Märkten ist das eine Frage des Überlebens. Masse können alle. Wenn Europa jemals etwas gut konnte, war es Unterscheidung, Grenzen ziehen, auch im Positiven, Originale herstellen. Das gilt nicht nur für die Kunst, sondern für die glücklicheren Stunden der Geschichte, die Aufklärung, Menschenrechte und die Wertschätzung für Vielfalt hervorbrachten statt dummen Kollektivismus, der immer einfache Antworten gibt, populistisch, brutal, raumgreifend und menschenverachtend. Der Mensch steht im Mittelpunkt. Wer das nur als Phrase sieht, verspielt Gegenwart und Zukunft. Es ist die wichtigste Formel der Diversität. Der Mensch mit all seinen Unterschieden braucht neue Organisationen, die Menschen nicht formen, sondern ihre Talente und Potenziale freisetzen. Die Gemeinschaft braucht jene Ambiguitätstoleranz, die eigene Sicht nicht aufzugeben und dennoch andere die ihre haben zu lassen. Die Unternehmen brauchen weniger Einheitsdenken und mehr Liebe zum Detail, zum Unterschied, zum Original und damit auch zu jener Vielzahl an Varianten, die die menschlichen Bedürfnisse am besten abbilden. Nein, wir sind nicht alle gleich, und das ist gut so. Wir sind verschieden, und das ist deutlich besser.

Es geht nicht allein um den Wohlstand und das Glück der Menschen, es geht hier schon um ihre Existenz. Die Feinde des Unterschieds, der als politisches System Demokratie bezeichnet wird, sind so stark wie schon lange nicht mehr. Es gibt viele, die sich aus einer falschen, alten Kultur mit ihnen geistig längst verbündet haben, all jene, die die überholte Einheitskultur der alten industriellen Massengesellschaft nicht lassen wollen.

Wir müssen wachsam sein, mehr als je zuvor. Wir müssen den richtigen, den positiven Unterschied, der gleichbedeutend ist mit Freiheit und Recht auf Andersartigkeit, als Kernwert der Demokratie und Zivilgesellschaft verteidigen, mit jener Bedingungs-losigkeit, mit der sich die Feinde des Unterschieds an ihm zu schaffen machen. Das gilt ganz besonders im Zeitalter der Digitalisierung und der Netzwerke, in denen die

Chancen groß sind wie nie, dem Unterschied die Rolle zu geben, die er braucht, damit der Mensch sein kann, was er ist, und wie es die brillante Margaret Mead so unsterblich formulierte: "Wir sind alle verschieden – so wie alle andern auch." Gerecht ist, wer das sieht und lebt.

Wolf Lotter ist Transformations-Experte und Publizist. Er war Gründungsmitglied und viele Jahre Leit Essayist von brand eins und hat zahlreiche Bücher zur Transformation veröffentlicht. Als dritter Teil seiner Transformations-Trilogie hat er nach "Innovation" (2018) und "Zusammenhänge" (2020) "Unterschiede. Wie aus Vielfalt Gerechtigkeit wird" bei der Edition Körber veröffentlicht.

wolflotter.de

Sarah Lay
Wir sind immer auf dem Weg, nie am Ziel

in_between, das heißt „Dazwischen". Zwischen alt und neu. Zwischen hybrid, remote und onsite. Zwischen Gefühlen. Zwischen Orten und Ländern. Zwischen Zuständen.

Die Konferenzserie in_between – Future Lab for Co-Creative Leadership wurde 2021 von Juliane Pilster, Kai Bauer und Christian Brosig ins Leben gerufen. Dort werden Menschen zusammengebracht, die Impulse setzen, die dabei helfen, das Dazwischen zu meistern in dem sie es ermöglichen Zusammenhänge zu erschließen und Balance herzustellen.
Eine Message zog sich wie ein Roter Faden durch alle Vorträge: Wir müssen Altes loslassen und Neues wagen. Es gilt, Ambiguität auszuhalten und zu lernen, Unsicherheiten mitzunehmen. Transformation wird zum Alltag. Wir sind und werden immer Dazwischen sein und wir müssen zwischen all den Veränderungen, Unsicherheiten und Widersprüchen lernen, unsere neue Stabilität zu finden.
In seiner Keynote betonte Arie von Bennekum, Co-Autor des Agilen Manifests: „Agile is not a state. It's an ambition." Wir sind immer auf dem Weg, nie am Ziel.
Doch zwischen Worten, Verstehen und daraus resultierenden Taten liegt ein weiter Weg. Das menschliche Gehirn mag keine Veränderung. Es mag die bekannten neuronalen Autobahnen. Es will sich im Außen sicher fühlen. Nur – das wird nicht mehr möglich sein. Diese Zeiten sind vorbei. Wir müssen daher lernen, Ruhe und Stabilität in uns selbst zu finden, um die Ambiguität im Außen nicht nur auszuhalten sondern auch mitgestalten zu können. Dieser Prozess, neue neuronale Autobahnen anzulegen und eine neue Stabilität im Innen zu finden, kostet Willenskraft, Geduld und Zeit. Wir brauchen Geduld mit uns selbst sowie mit Anderen. Denn – und das ist eine der zentralen Herausforderungen unserer Zeit: Wir werden niemals alle auf demselben Stand sein. In Organisationen treffen Individuen aufeinander von denen jede:r andere Erfahrungen und Voraussetzungen mitbringt. Niemals werden alle Mitarbeitenden einer Organisation sich alle am selben Entwicklungspunkt hinsichtlich des sich-einlassens auf die VUCA-Welt stehen. Es gilt also für Organisationen, Leitplanken zu schaffen,

innerhalb derer die Individuen produktiv sein können. Leitplanken, die Unterschiede zulassen und gleichzeitig gemeinsame Basis und Regeln schaffen.

Darüber hinaus muss jeder Einzelne, unabhängig von der eigenen Aufgabe und dem Grad an Verantwortung, verstehen, dass jede:r anders ist und das genau dieses Anders-Sein, dieses aufeinandertreffen verschiedener Erfahrungen, Blickwinkel und Interpretationen, uns stark macht. Es macht uns jedoch nur dann stark, wenn wir zulassen, dass unsere Kolleg:innen sehen, wer wir sind, was wir denken und was wir fühlen. In Konsequenz heißt dies: Wir dürfen, nein wir müssen zeigen wer wir sind. Nahbar und authentisch. Und ja, auch verletzbar. Im Unterschied zu unserer Arbeitswelt noch vor zehn Jahren, wo man sein „Freizeit-Ich" am Empfang abgegeben hat, um sein „Arbeits-Ich" überzustreifen, wo Emotionen und Erlebtes ausgeklammert und als unprofessionell abgestempelt wurden, ist heute und in der Zukunft das Gegenteil der Fall. Allerdings gilt auch für diese Veränderung: Wir werden niemals den Endzustand, die finale Transformation erreichen. Wir werden uns immer „dazwischen" befinden. Um mehr und mehr Individuen auf diesen Weg zu bringen bzw. auf ihrem Weg weiter zu bringen braucht es Fascilitator:innen, Vorreiter:innen und Mut-Macher:innen. Auf den Bühnen der in_between-Konferenzen dürfen wir jedes Jahr wieder einige dieser Vorreiter:innen und Mut-Macher:innen kennenlernen.

Sarah Lay ist Kommunikationsexpertin im Kontext der agilen Transformation bei der HDI Global SE, einem der Location-Partner der diesjährigen Veranstaltung.

Juliane Pilster, Kai Bauer und Christian Brosig

Blick hinter die Kulissen

Die zweite in_between Konferenz fand am 18./19. Mai 2022, ziemlich genau ein Jahr nach unserem Debüt statt. Angesichts der aktuellen Entwicklungen scheint die Notwendigkeit zum gemeinsamen Lernen und zur Anpassung jetzt noch dringlicher als zuvor.

Die Pandemie hat zu vielfältigen Veränderungen in unserer Arbeitswelt geführt. Sie hat der Digitalisierung einen enormen Schub verpasst. Schlagworte wie Hybride Settings, Remote Work usw. kommen ganz selbstverständlich über unsere Lippen und versuchen den Wandel sprachlich zu greifen. Der von Russland initiierte Krieg in der Ukraine hat eine Vielzahl weiterer Irritationen in unsere Welt geworfen. Die Dynamik und die unabsehbaren Folgen dieser Geschehnisse bedeuten ein hohes Maß zusätzlicher Unsicherheit für uns.

Wir Menschen und die Unternehmen, in denen wir agieren, stehen also einer ganzen Reihe großer Herausforderungen gegenüber: Kostensteigerungen, Fachkräftemangel und Lieferengpässe sind nur einige Beispiele in diesem Zusammenhang. Mehr denn je stellt sich die Frage, wie wir mit dem Wandel mithalten und uns anpassen, wie wir dies gemeinsam mit unseren Teams gestalten und wie Führung verstanden werden muss, um den Gegebenheiten gerecht zu werden und eine hilfreiche Funktion einzunehmen.

Bei in_between wollen wir lernen, wie die Zukunft der Zusammenarbeit und Führung bestmöglich gestaltet werden kann. Wir gehen davon aus, dass dieses Lernen eine kontinuierliche Entwicklung und einen ständigen Prozess des Wandels bedeutet. Und damit sind wir dauerhaft im Dazwischen, in den Zwischenräumen der Veränderung gefordert. Und genau auf diese Zwischenräume legen wir unser Augenmerk und stellen die Frage, wie wir damit möglichst gut umgehen.

Zu Beginn von in_between haben wir mit unserem Namen maßgeblich zwei Perspektiven in Verbindung gebracht. Einerseits sehen wir ein zeitliches Dazwischen. Wir wollen die Führung und Zusammenarbeit der Zukunft gestalten. Es gibt also ein Dazwischen zwischen dem heute und dem morgen. Damit fokussieren wir auf den herausfordernden Aspekt einer jeden Transformation, dass wir uns von dem Gewohnten verabschieden, das Neue erfinden und uns mit der damit unausweichlich verbundenen Unsicherheit auseinandersetzen müssen.

Wir erkennen aber auch ein soziales Dazwischen, also das Dazwischen zwischen Menschen. Wir sind der Überzeugung, dass angemessene Lösungen für die Zukunft der Führung und Zusammenarbeit nur in einem co-kreativen Prozess entstehen können, der die Menschen zusammenbringt. Denn dies ist die Voraussetzung dafür, unterschiedliche Perspektiven zusammenzuführen und in einen konstruktiven Dialog zu bringen. Dann schaffen wir es mehr zu sehen, als jedem Einzelnen von uns möglich ist und in einem gemeinsamen Lernprozess wahre Innovation und eine zielführende Gestaltung der Zukunft zu realisieren.

Selbstverständlich beschäftigen auch und gerade uns bei in_between die Veränderungen unserer Arbeitswelt mit all ihren Neuerungen: verteiltes Arbeiten mit alle seinen Auswirkungen auf Teamwork und Führung mit all seinen Anforderungen an eine technische Infrastruktur, ohne die das verteilte Zusammenarbeiten in der heute bekannten Form nicht möglich wäre. Aus diesem Grund haben wir den beiden beschriebenen Perspektiven in 2022 eine dritte hinzugefügt, nämlich das räumliche Dazwischen. Das Dazwischen zwischen physischen und virtuellen Räumen.

Und so haben wir unsere zweite Konferenz in einem hybriden Setting durchgeführt, mit Präsenzstandorten Hannover und Stuttgart und mit dem „Weltraum" mit allen online zugeschalteten Teilnehmer:innen. Da dies ohne unsere Location-Sponsoren (HDI in Hannover und andrena objects in Stuttgart) nicht möglich gewesen wäre, gebührt ihnen an dieser Stelle noch einmal unser herzlicher Dank für die tolle Unterstützung!

Die beiden Präsenz-Standorte wurden ergänzt um den sogenannten Weltraum, den Online-Space, in dem alle Teilnehmer:innen waren, wenn sie sich via Video Calls in die Konferenz einschalteten. Unsere Idee war es, dass jede Teilnehmer:in, unabhängig davon, von wo aus sie oder er der Konferenz beiwohnte, zu jedem Zeitpunkt die gleichen Möglichkeiten haben sollte, auf das Programm zuzugreifen und mit den anderen Teilnehmer:innen zu interagieren.

Nach der Mentimeter-Umfrage, die wir im Nachgang der Konferenz durchgeführt hatten, gab es hier und da sicherlich Potenzial für Verbesserungen und doch war der Tenor, dass das hybride Setting der in_between 2022 solide funktioniert hat.

Wolf Lotter greift in seinem Vorwort die Diversität als Thema auf und erhebt die Forderung, stärker auf den persönlichen Unterschied zu fokussieren. Diesem Statement schließen wir uns gerne an, greift es doch unsere Überzeugung auf, dass wir nur in der Vernetzung unterschiedlicher Sichtweisen innovative und tragfähige Lösungen finden. Gerade vor diesem Hintergrund blicken wir gerne auf die in_between 2022 zurück. Denn was das Zusammenbringen unterschiedlicher Personen und Perspektiven angeht, so war dies doch ein eindrucksvolles Erlebnis - zumindest für alle Beteiligten hinter den Kulissen.

Für die Umsetzung einer Konferenz an zwei Standorten und mit einer übergreifenden Online-Plattform, die alle Teilnehmer:innen vernetzt, benötigten wir ein großes Team: Jeweils ein Team vor Ort an den Präsenz-Locations, die sich um die Bereitstellung und Ausstattung der Räumlichkeiten, die weitere Infrastruktur und das Catering kümmerten. Darüber hinaus haben wir mit zwei Streamingteams zusammengearbeitet, Profis in ihrem Fach, die uns mit der nötigen technischen Ausstattung und ihrem Know-how unterstützten. Zudem musste die Online-Plattform eingerichtet und betrieben werden, inkl. des Supports an den beiden Konferenztagen. Des Weiteren gab es natürlich die Speaker- und Teilnehmeradministration, die Gestaltung der Abendveranstaltung, das Care-Package und einiges mehr.

Und so waren es am Ende des Tages fast 30 Personen aus sieben unterschiedlichen Organisationen, die über die jeweiligen Organisationsgrenzen hinweg gemeinsam für eine Sache, nämlich die in_between 2022, arbeiteten und ein hohes Maß an Heterogenität garantierten: Konzernmitarbeiter:innen, Selbständige, Mitarbeiter:innen aus mittelständischen Unternehmen, Entwickler:innen, Techniker:innen, Moderator:innen, Führungskräfte. Damit sind die verschiedenen Rollen angesprochen, die die Personen in ihrem gewöhnlichen Arbeitsleben innehaben. Die Verschiedenheit bzgl. Kultur, Herkunft, Persönlichkeit, usw. ist damit noch gar nicht angesprochen und auch nicht die Frage, in welcher Form eine extrinsische oder intrinsische Motivation vorlag, sich bei in_between zu engagieren. Die Vielschichtigkeit des Teams zeigte genau das, was wir uns immer wünschen, vor allem wenn es darum geht, neue Ufer zu erreichen: Ein hohes Maß an Unterschiedlichkeit, viele verschiedene Perspektiven und Ideen, die zu innovativen und zielführenden Lösungen verhelfen.

Erstaunt hat uns nun Folgendes: Obwohl wir uns untereinander kaum kannten, keine Zeit für teambildende Maßnahmen hatten und in den allermeisten Fällen verteilt zusammenarbeiteten, nahmen wir uns als ein Team wahr, als das in_between Organisations-Team, das eine coole hybride Konferenz auf die Beine stellt, Neuland betritt und viele Dinge zum ersten Mal tut. Der aufkommende Teamspirit hat uns alle in positiver Weise überrascht, weil er so mühelos zustande kam und unsere Zusammenarbeit getragen hat. Wir hatten durchweg eine sehr gute und konstruktive Atmosphäre in allen Meetings, auch in den Situationen, in denen die Unsicherheit größer und der Druck höher war.

Wie ist uns das gelungen? Wir denken, dass insbesondere zwei Dinge maßgeblich zu unserem Teamerleben beigetragen haben. Einerseits sind wir uns auf Augenhöhe und in gegenseitiger Wertschätzung begegnet. Das sind Dinge, die wir häufig lesen, hören und von uns geben, die fast schon abgedroschen klingen. Und doch ist es schön zu erleben, wenn es in der Praxis tatsächlich passiert. Wenn man die Verbindung zu anderen Menschen spürt und in einem gemeinsamen Ziel geeint ist und sich Schritt für Schritt darauf zu bewegt. Wir meinen, dass der Beitrag, den wir erbracht haben, war, dass wir alle Beteiligten von Beginn an gleichberechtigt in das Team eingeladen, uns selbst nicht in einer exponierten Rolle gesehen haben und keinen Unterschied gesehen haben, woher jemand in unser Team kommt. Alle diejenigen, die zu unserem Team dazugestossen sind, haben sich mit ihrem Engagement und ihrer Offenheit eingebracht und so ihrerseits für das gemeinsame Gelingen gesorgt.

Außerdem haben wir mit der Idee, eine hybride Konferenz mit zwei Präsenz-Standorten durchzuführen und remote zugeschaltete Teilnehmer:innen über eine Online-Plattform zu integrieren, ein attraktives Ziel geboten, in dem sich alle Teammitglieder wiedergefunden und die Umsetzung mit gestaltet haben. Wir denken, uns ist es gelungen, dieses Ziel ausreichend klar zu formulieren und unsere Geschichte immer wieder zu erzählen, um allen Beteiligten die nötige Orientierung zu geben, Raum für notwendige Diskussionen zu eröffnen und auf diese Weise Selbstorganisation zu ermöglichen. Das Team hat sich neugierig gezeigt, dieser Idee zu folgen und den jeweils eigenen Teil dazu beizutragen.

Zusammenfassend haben uns also zwei alte Bekannte geholfen, dieses erfolgreiche Teamwork zu gestalten: 1) Ein attraktives und von allen geteiltes Ziel sowie 2) die nötige Offenheit im Miteinander und das Zutrauen in die Fähigkeiten und Ideen aller Beteiligten. Sicherlich war nicht alles perfekt, doch wird uns die in_between 2022 noch lange in guter Erinnerung bleiben und vielleicht war sie ein ganz gutes Beispiel für das, wie wir uns Führung und Zusammenarbeit in Zukunft vorstellen.

Vielen Dank an alle Vortragenden, die sich auch mit einem Beitrag am Konferenzband zur in_between 2023 beteiligt haben. Dr. Miriam Sasse leitet mit ihrem Beitrag „Betwixt & Between" ein, in dem sie schon im Titel das „Dazwischen" aufgreift und eine der größten Schwierigkeiten in komplexen Situationen benennt: Wie treffen wir Entscheidungen? Ihre Antwort: Metaphern. Sie können ein wirkungsvolles Instrument sein, das eigentliche Problem in einer andere Bildwelt zu transferieren, in der durch den Perspektivwechsel kreative Lösungsideen entstehen.
Ein wesentlicher Schlüssel im komplexen Umfeld liegt in der Art und Weise, wie Teams in Organisationen zukünftig zusammenarbeiten. Selbstorganisation steht dabei im Fokus und die Frage, wie die Zusammenarbeit entsprechend transformiert werden kann. Jan Kausch, Michaela Wessels-Schneider, Arndt Sönnichsen und Jens Gärtner geben mit ihrem Beitrag einen Einblick, wie sie bei Airbus die Teams in einem Produktionsbereich in die Selbstorganisation gebracht haben.
Dominik Maximini lenkt die Aufmerksamkeit im Rahmen seines Beitrages auf die wesentlichen Erfolgsfaktoren einer agilen Transformation: Führungsverhalten, Planung, Fokus und Entscheidungsfindung. Viele Unternehmen scheitern daran, ihre Mechanismen in diesen strukturellen Bereichen an die komplexe Umwelt zu adaptieren. Eine echte Veränderung ist jedoch die Voraussetzung dafür, wertvolle Inkremente für Kunden zu erzeugen – und keine Exkremente.
Ergänzend beschreiben Dr. Heiko Schröder und Dr. Ulrich Pfeiffer in ihrem Beitrag psychologische Stolpersteine, die in agilen Transformationen berücksichtigt werden müssen: Veränderungsfähigkeit, Gruppenkohäsion, Motivation und Kognitive (Über-)Last. Sie beschreiben diese anhand der Veränderungsprozesse in der Softwareentwicklung der Firma TRUMPF und geben auf dieser Basis grundsätzliche Hinweise für Organisationsentwickler/innen, die in Veränderungen sozialer Systeme aktiv sind.
Björn Schotte greift in seinem Beitrag ein Thema auf, das durch die Corona-Pandemie mehr denn je an Relevanz gewonnen hat und uns auch langfristig beschäftigen wird:

Zusammenarbeit und Führung in einem virtuellen und asynchronen Setup. Er hebt die Notwendigkeit hervor, (Online-)Zusammenkünfte und Kommunikation bewusst zu gestalten und gibt zahlreiche Tipps, wie dies geschehen kann. Zu guter Letzt erinnert er daran, dass die Fähigkeit zur Eigenorganisation ausgebaut werden muss und dass auch persönliche Treffen weiterhin eine wichtige Rolle spielen.

Im Beitrag von Cordelia Hagi und Michel Knecht geht es spielerisch weiter. Sie beschreiben den Begriff „Playful Business" und erläutern, wie das Spielen einerseits zur Auflockerung beiträgt und andererseits bei der Lösung komplexer Aufgabenstellungen hilft, indem es kreative Prozesse fördert. Neben anderen Komponenten würden in diesem Zusammenhang „Herzintelligenz" und „Ratio" benötigt, müssten jedoch in ein besseres Verhältnis gebracht werden.

Mit einem co-kreativen Ausblick in die Zukunft macht Jens Dröge den Abschluss des diesjährigen Konferenzbandes. Er beschreibt, inwiefern die Methode LEGO® SERIOUS PLAY® eingesetzt werden kann, um – in einen Lernprozess eingebettet – Führung partizipativ zu gestalten. Er gibt einen Überblick über die Methode selbst und wie sie auf unterschiedlichen Ebenen – sowohl in Präsenz als auch virtuell – zum Einsatz kommen kann.

Zu guter Letzt bleibt uns nur noch, allen Leserinnen und Lesern viel Spaß mit dem Konferenzband zu wünschen und hoffen, dass wir mit unserer Konferenz ein paar nützliche Impulse zur Zusammenarbeit und Führung der Zukunft liefern konnten.

Juliane Pilster, Kai Bauer und Christian Brosig sind die Co-Kreatoren der in_between. Sie sind ein Team aus erfahrenen Transformatoren, die sich der Methoden aus den Bereichen Agilität, Lean und Organisationsentwicklung bedienen, um Organisationen in ihren Veränderungen maßgeschneidert zu unterstützen. In ihrem Unternehmen, der brainspire Holding GmbH, bringen sie Perspektiven, Erfahrung und Know-how wirkungsvoll zusammen. Ihre Leidenschaft sind die aktuellen Herausforderungen im Kontext Führung und Zusammenarbeit, am liebsten gemeinsam mit engagierten Mitstreitern.

Dr. Miriam Sasse

BETWIXT & BETWEEN – NICHT MEHR ALT UND NOCH NICHT NEU

'Betwixt & Between' war der Ausdruck, den ich als erstes im Kopf hatte, als ich 2020 hörte, dass brainspire die In_between Konferenz organisieren wird. Es ist eine Floskel aus dem Englischen, die gern gesagt wird, wenn jemand irgendwie dazwischensteht: „Here we are again, betwixt and between!" oder auch „We are betwixt and between so it's hard to decide." - Eine Aussage, um noch einmal auszudrücken, wie schwer es ist, gerade jetzt etwas zu entscheiden. Weil wir zwischen den Stühlen stehen, weil wir uns zwischen den Welten bewegen, weil wir nicht mehr im Alten, aber noch nicht im Neuen sind, geraten wir außer Balance. Im Zustand 'Dazwischen', wenn wir 'Betwixt & Between' sind, können wir nur schwer Entscheidungen treffen.

Wenn wir davon ausgehen, dass der kontinuierliche Wandel uns immer begleiten wird, müssen wir uns den Wandel zum besten Freund machen. Wir lernen täglich, das 'Dazwischen' auszuhalten, das Neue weiter zu formen, das Alte weiter loszulassen und so den Wandel für uns anzunehmen. Das bedeutet vor allem, in diesem ständigen Wandel Entscheidungen treffen zu lernen.

1. Im Wandel weise Entscheidungen treffen

Es gibt viele Methoden und Ansätze, die uns dabei unterstützen wollen, gute Entscheidungen treffen zu können. Wir unterscheiden zwischen Entscheidungen in der Gruppe im Konsens, wenn alle Befragten zustimmen, oder Konsent, wenn keiner der Befragten ablehnt. Wir entscheiden im konsultativen Einzelentscheid, d.h. wer entscheiden darf, lässt sich vorher beraten, oder wir lassen direkt die Expert:innen entscheiden. Wir nutzen Techniken wie Entscheidungsmatrizen oder wir würfeln.

Durch den ständigen Wandel müssen wir ständig Entscheidungen treffen und manchmal wieder verwerfen, weil sich die Grundlage verändert hat. Der Markt ändert sich ständig, Preise sind nur tagesaktuell und die Bedürfnisse der Kunden sind kurzlebig. Als Individuum und als Gruppe machen wir uns auf den Weg in einen anderen Zustand, versuchen unsere Verhaltensmuster zu verändern und stecken lange in einem Zwischenzustand, bevor wir den neuen Zustand erreichen. Der Ethnologe Victor Turner nennt diesen Schwellenzustand Liminalität, wenn Individuen oder Gruppen sich vom alten Zustand gelöst haben, den neuen Zustand aber noch nicht erreicht haben.

Wir begeben uns am liebsten in einen wackeligen Zwischenzustand hinein, um einen neuen Zustand zu erreichen, wenn wir dies freiwillig aus eigener Motivation heraustun. Dieser Buchbeitrag stellt dar, was durch Freiwilligkeit bei Veränderungen erreicht werden kann.

Die Fallen, in die wir bei der Arbeit und im Privaten immer wieder gerne fallen, drücken wir sehr gern mit Metaphern aus. Auch wenn es um Veränderungen am Arbeitsplatz geht, nutzt unsere Sprache die Metapher: Da steht der Kollege im Schatten des anderen, die Kollegin klebt zu sehr an den Vorschriften, die Führungskraft hat keinen Schutzschirm über das Team gespannt und die Geschäftsführung tanzt wieder den Eiertanz und trifft keine Entscheidungen. – Mit Metaphern drücken wir Sachverhalte und Emotionen aus, wenn wir nicht weiterkommen, ins Stocken geraten und uns die Worte fehlen. Das kann sowohl Distanz aufbauen, aber sie auch nehmen und somit genau der Hebel sein, der notwendig ist, um im Wandel Entscheidungen zu treffen und weiterzukommen.

Im Folgenden betrachten wir genauer, wie wir unser Problem der Liminalität verstehen, wie Freiwilligkeit uns auf dem Weg beflügelt und wie unsere Sprache Teil der Lösung sein kann.

2. Der Entscheidungsversuch

Professor Peter Kruse beschrieb fünf Möglichkeiten, wie wir bei komplexen Situationen Entscheidungen treffen können:

Die erste Option ist das Ausprobieren - mit oder ohne Konzept. Meistens probieren wir nur am Anfang der Veränderung etwas aus und merken dann, während der Liminalität, dass es nicht mehr passt. Leider viel zu selten, probieren wir weiter aus, variieren, adaptieren oder brechen ab. Noch seltener überlegen wir uns vorab gute Hypothesen und konzeptionieren, bevor wir es probieren.

Möglichkeit zwei ist das Ausblenden. Wir blenden die Veränderung aus und handeln so, als würde der alte Zustand noch bestehen. Wir entscheiden genauso wie vorher und ignorieren die Veränderung. Das kann einem schnell auf die Füße fallen und hat entsprechend Nachteile.

Das Dritte ist das rationale Durchdenken, für das wir uns möglichst viel Wissen aneignen, Literatur lesen, Experten befragen und Trainings besuchen. Letztendlich brauchen wir in komplexen Situationen eine passende Idee, die in Büchern nicht zu finden ist, und fühlen uns gegebenenfalls niemals gut genug informiert.

Die vierte Option ist die Trivialisierung: „Führungskraft zu werden ist nicht so wild, da muss ich nur einladend führen, dann klappt das schon. Wenn ich Einladungen ausspreche, statt anzuordnen, dann wird alles gut." Trivialisierung bedeutet, man greift sich einen Aspekt heraus, der alles einfach erscheinen lässt, der aber der Komplexität nicht gerecht wird.

Und das Fünfte ist das, was eigentlich am besten funktioniert - die Intuition. Das Problem bei der Intuition: Wenn wir uns in der Veränderung befinden, dann können wir uns auf unsere Intuition nicht so gut verlassen. Die Intuition ist eine Form der Muster-Erkennung, die wir im alten Zustand gelernt haben. Wenn die Muster, die wir uns bewusst oder unbewusst eingeprägt haben, nicht zu dem passen, was wir gerade durchleben, dann haben wir keine passende Intuition. Peter Kruse stellte die Fragen: „In welchem Rahmen hast du deine Intuition gelernt? In welchen Situationen hast du deine Muster gefunden?" Wenn deine Muster zum alten Zustand passen, dann können wir mit den Mustern, mit der Intuition, im neuen Zustand nichts anfangen.

Im Zustand ‚Dazwischen' müssen wir uns für eine dieser Möglichkeiten der Entscheidungsunterstützung entscheiden, und selbst diese Entscheidung fällt schwer. Schauen wir mit diesem Wissen auf die drei Aspekte Liminalität, Freiwilligkeit und Sprache.

3. Liminalität – der Zustand ‚Dazwischen'

Die Abbildung 1 zeigt links den alten Zustand und rechts den neuen Zustand. Dazwischen ist der weite Zeitraum der Liminalität, in dem der alte Zustand immer weniger und der neue Zustand immer mehr wird:

- Wir führen immer mehr auf Augenhöhe statt von oben herab,
- Wir sind immer mehr eine Zellstrukturorganisation statt einer hierarchischen Organisation,
- Wir sind immer mehr kundenorientiert statt gewinnorientiert,
- Wir arbeiten immer iterativer und weniger nach Wasserfall oder
- Wir arbeiten immer mehr mit variablem Projektumfang statt mit festem Umfang, usw.

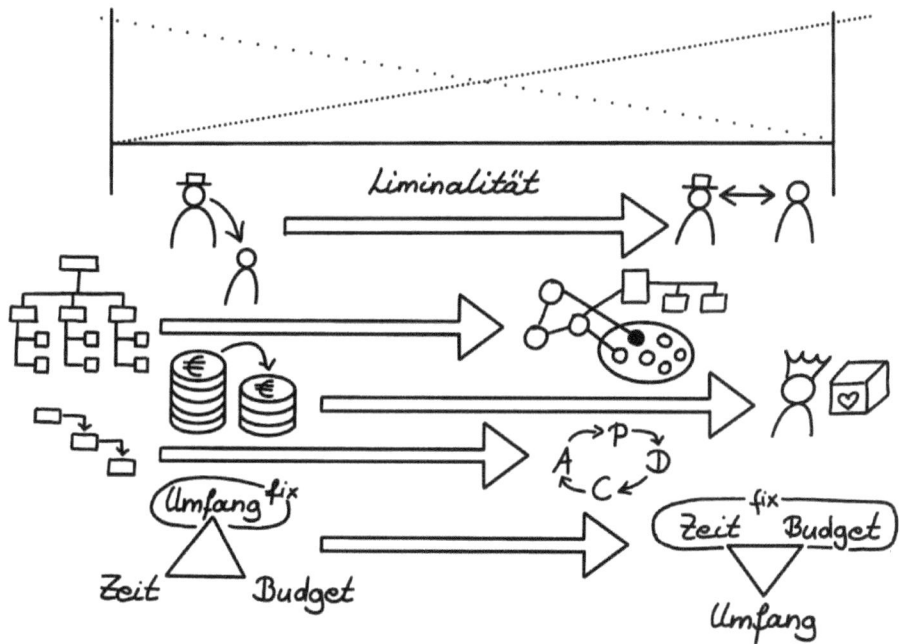

Abbildung 1: Liminalität

Im privaten Umfeld wird Liminalität von uns Menschen schon seit Jahrtausenden gefeiert: Wir taufen, heiraten, beerdigen und feiern die Feste, wie sie fallen. Zusätzlich nutzen wir rituelle Symbole wie Taufkerzen, Heiratsringe, Traueraltare, Schultüten, Abi-Zeitungen und so weiter. Immer, wenn wir eine Liminalität überwinden wollen, wenn wir im Wandel eine Stabilität spüren wollen, feiern wir ein Ritual und zelebrieren. Je nach Land und Region unterscheidet sich eine Hochzeit oder eine Zeremonie zum Eintritt ins Erwachsenenalter teilweise extrem. Auch im Arbeitsalltag haben wir in unterschiedlichen Firmen sehr unterschiedliche Rituale, z.B. für Projektabschlussfeiern oder Morgenrunden. So manche Meetings, Freigabedokumente, Statusberichte oder Jubiläumsfeiern haben mehr rituellen Charakter, als dass sie zur Wertschöpfung im Unternehmen beitragen. Durch ihr wiederkehrendes Auftreten erschaffen sie ein Gefühl von Sicherheit und Berechenbarkeit oder schaffen klare Machtverhältnisse.

Wenn wir zur Führungskraft werden, würden wir das nicht zwischen Tür und Angel werden wollen. Ganz nach dem Prinzip: „Sei bitte einfach ab morgen Führungskraft, die andern bekommen das schon irgendwie mit." Ohne Ritual ist es ganz schwer, die Rolle anzunehmen, sich mit ihr zu identifizieren und als Führungskraft wahrgenommen zu werden. Man ist in allen Köpfen noch in der alten Rolle unterwegs, weil nichts passiert ist, was den Unterschied ausgemacht hat. Natürlich wird über die Zeit „Das Alte weniger, das Neue mehr", aber das Ritual hilft uns, einen Bruch zu machen und zu sagen „Ab JETZT beginnt das Neue". Psychologen machen sich diese Erkenntnis im Coaching und der Therapie schon lange zunutze: Sie etablieren bewusst Rituale, damit sich die Verhaltensmuster nachhaltig verändern. – Will sich jemand das Rauchen oder die Schokolade abgewöhnen, hilft ein Ersatzritual und ein Übergangsritual. Statt zur Zigarette oder zur Schokolade zu greifen, spielt man mit dem Hund oder greift zu vorgeschnippelten Gemüsestangen. Für alle Zigarettenpackungen oder alle abgenommenen Kilos, verbrennt man Holz oder Steine mit dem gleichen Volumen, welches man vorher einen Berg hinauftragen musste. – Diese und viele andere Rituale erzeugen einen merklichen Unterschied.

Diese Erkenntnis können wir auch im Arbeitsalltag nutzen, wenn wir Scrum oder andere Praktiken, neue Entscheidungsstrukturen oder einen neuen Führungsstil etablieren wollen – wir denken an das Ritual. Wir können ein Buch schreiben, eine große Feier organisieren, alle Wände grün streichen - was auch immer es ist - desto einschneidender, desto markanter das Ritual ist, desto besser kommen die Leute in den neuen Zustand rein, denn sie spüren die Differenz.

4. Freiwilligkeit – Veränderungen aus freiem Willen eingehen

In der aktuellen Zeit verändert sich in unserer Umwelt so viel in rasantem Tempo, dass wir stärker als früher abwägen, in welche weiteren Veränderungen wir uns hineinbewegen und in welche nicht. Dabei unterscheiden wir zwischen einer selbst gewählten, freiwilligen Veränderung, einer durch andere Menschen aufgezwungenen Veränderung und Veränderungen, die naturgegeben sind.

Der COVID19-Virus ist naturgegeben, die Nutzungsregeln in Bus und Bahn sind aufgezwungen, dass wir uns dennoch auf ein großes Konzert begeben, ist freiwillig.

Dass Werkstoffe irgendwann ausgehen, ist naturgegeben, der Staat zwingt Regularien auf, dass wir uns dennoch überlegen ein Haus zu bauen ist freiwillig.

Falten im Alter sind naturgegeben, die Renten-Eintrittsregeln sind aufgezwungen, dass wir uns dennoch neu erfinden und noch einmal etwas ganz anderes machen, ist freiwillig.

Alles was wir freiwillig machen, machen wir mit Energie und Freude, auch wenn die Veränderung anstrengend ist. Auf naturgegebene Sachverhalte passen wir uns Menschen seit 300 Tausend Jahren an. Auch heute akzeptieren wir sie und unseren ewigen Kampf für Maßnahmen gegen Viren, Werkstoffmangel, Falten und alles andere. Was uns am meisten aufregt, sind und bleiben die aufgezwungenen Veränderungen. „Du musst Maske tragen.", „Du darfst Holz nicht mehr für den Bau verwenden." oder „Du musst in Rente gehen." – Der Zwang lässt direkt die innere Distanz wachsen. Zwang führt dazu, dass wir nicht in die Liminalität zwischen den Zuständen eintreten wollen. Psychologen und Coaches machen sich dieses Wissen zunutze: Wenn jemand gezwungen wird bei der Psychotherapie oder dem Coaching mitzumachen, mit verschränkten Armen dasitzt und sagt „Ich will nicht, aber ich muss ja.", wird die Veränderung oft nur oberflächlich und geschauspielert verlaufen. Echte Veränderung liebt Freiwilligkeit und Eigenmotivation.

Im Arbeitsalltag bekommen wir nur selten die Wahl, ob wir in ein Team eintreten oder eine andere Rolle einnehmen wollen. Wenn wir keine formale Macht als Führungskraft ausüben wollen, können wir nur auf Vertrauen bauen. Wir laden die Mitarbeitenden dazu ein, freiwillig an einem Thema mitzugestalten oder eine Rolle einzunehmen. Bei jeder Einladung ist der Aspekt der freiwilligen Teil- oder Annahme der Aspekt, der die Einladung von einer Vorladung unterscheidet. Die Freiwilligkeit baut auf Vertrauen, weil sie die Verantwortung für den weiteren Verlauf an die Eingeladenen übergibt. Im Job laden wir heute vielleicht jemanden auf einen Kaffee oder zu einem Wissensaustausch ein, seltener laden wir zur freiwilligen Mitarbeit in einem Projekt oder zur Übernahme einer Arbeitsaufgabe ein. In diesen Punkten wollen wir uns oft nicht von der Gnade der Mitarbeitenden abhängig und somit verletzlich machen. Bei einer Einladung, die nicht angenommen wird, haben wir nur die Wahl, eine noch bessere Einladung auszusprechen und die Konditionen attraktiver zu machen. Dafür muss eine Einladung gut formuliert werden und diese vier Elemente beinhalten:

Das Ziel oder die Absicht: Egal ob ich zu einer Party, einem Meeting oder einem Projekt einlade – das Ziel oder die Absicht sollten bekannt sein. Viele nehmen eine Einladung gar nicht erst an, wenn sie nicht wissen, wofür sie ihre Zeit investieren sollen. Niemand möchte gern Zeit verschwenden.

Die Spielregeln: Auf Einladungskarten zu Feierlichkeiten finden wir oft die Angaben: Wann soll ich wo sein? Was darf ich anziehen? Casual oder lieber Abendkleid? Darf ich etwas schenken oder bitte nur Geld, damit es gespendet werden kann? – Bei Einladungen zu Meetings fehlen sie oft: Was ist die Agenda? Casual oder mit Anzug, weil der Kunde dabei ist? Soll ich etwas vorbereiten? Welches Verhalten wird von mir erwartet?

Wenn wir in unserer Organisation New Work, lernende Organisation oder Agilität einführen oder mehr wachsen, mehr Umsatz oder schnellere Ergebnisse wollen, dann müssen wir die Einladung konkreter formulieren. Die Ziele müssen klar, die Spielregeln verständlich und umsetzbar sein, sonst brauchen wir uns nicht über Absagen zu unseren Einladungen wundern.

Der Fortschritt: Wir verzweifeln, wenn wir das Gefühl haben, dass es nicht vorangeht. Niemand will zu einem Event kommen, rumsitzen und sagen „Ich habe keine Ahnung was jetzt passiert, sind wir schon weiter als vorher? Haben wir schon ein Teil-Ziel erreicht, oder noch nicht?"

Auf einer deutschen Hochzeit kennt man ungefähr den Ablauf. Als ich ein Jahr in Japan war, wurde ich dort zu einer japanischen Hochzeit eingeladen. Ich habe dort rumgesessen, kaum ein Wort verstanden, wusste nicht wo wir gerade im Ablauf stehen. Sind die schon verheiratet, die da vorne sitzen oder noch nicht? Dauert es noch eine halbe Stunde oder eher eine Stunde? Das war ein ganz blödes Gefühl. - Auch bei anderen Events, Workshops, Projekten gilt: Wenn wir das Gefühl haben, das wird ein Sisyphos-Event, da spürt man keinen Fortschritt, dann nehmen die Eingeladenen die Einladung zur Mitarbeit nicht gerne an. Wenn keine Erfolge erzielt, keine Meilensteine erreicht werden, dann wollen wir nicht gerne mitmachen.

Die echte Freiwilligkeit: Dass Freiwilligkeit wichtig ist, stellt niemand in Frage. Dennoch wird es oft weg argumentiert, weil man mit den Konsequenzen nicht leben möchte, wenn die Einladung nicht angenommen wird. Viele gehen davon aus, dass zwar der Einzelne erkennt, wie wichtig und dringend die Veränderung ist, aber die Gruppe als Ganzes trotzdem nicht agieren wird. Sicherlich müssen für einfache Aufgaben und kompliziertere Expertentätigkeiten nicht unbedingt Einladungen ausgesprochen werden. Hier ist oft eine klare Delegation angebracht. Für komplexe Veränderungsvorhaben wie z.B. der Unternehmensstrategie, des Führungsverhaltens oder der Einführung neuer Rollen gibt es keine Alternative zur Einladung.

Ein neues Führungsverhalten zu erzwingen, führt fast zwangsweise zu Business Theater: wer nicht hinter dem neuen Verhalten steht, spielt den anderen dieses Verhalten vor und benutzt die im Training gelernten Wörter, um nicht anzuecken. Wenn wir fordern „Führt mit Vertrauen", dann werden viele Vertrauen vorgaukeln, sich selbst dazu zwingen zu vertrauen, obwohl sie ihr schlechtes Gefühl dabei nicht verändern können. Zusätzlich zu diesem Misstrauen steigt dann das Misstrauen auf der Gegenseite, da mehr Mitarbeitenden denken „Mir wird nur vertraut, weil man mir vertrauen soll. Das Vertrauen ist nicht echt."

Auch bei iterativem, experimentellem Arbeiten stellen wir fest, dass diejenigen lernbereiter und fehlerfreundlicher sind, die es freiwillig und eigenmotiviert ausprobieren. Wem diese Arbeitsweise aufgezwungen wurde, der wird schneller aggressiv, wenn er beim Rückfall in alte Verhaltensmuster ertappt wird. Auf die Nachfrage „Wie vereinbart ihr das iterative Arbeiten mit eurem detaillierten Projektplan?" entbrennt dann schnell eine Anfeindung statt einer angeregten Diskussion. Ein aufgezwungener Roll-Out agilen Arbeitens führt mehr zu Ausreden als zu einer gemeinsamen Lernreise. Führungskräfte, die mit Leidenschaft für das Thema brennen und sich damit identifizieren, die detektieren Unstimmigkeiten bei sich selbst und versuchen, sich ständig zu verbessern. Sobald sie nach den falschen KPIs fragen und sich dabei selbst erwischen, fragen sie nach einem Coach, der sie beim Annehmen des neuen Führungsstils begleitet. Wenn sie merken, dass sie in ein altes Muster fallen, gehen sie dem nach. Die Frage ist also: Möchtest du mehr Business Theater haben, oder möchtest du mehr echte Transformation?

Auch wenn der Einzelne die Veränderung freiwillig eingehen würde, kommt es immer wieder vor, dass die Gruppe sich gegen die Veränderung entscheidet. Es ist immer persönlicher, eine Einladung jedem einzelnen gegenüber auszusprechen, als die große Masse pauschal anzusprechen. Damit eine Einladung als relevant angesehen wird, sollte eine Person mit hoher Autorität oder Reputation diese aussprechen. Hohe Macht kann dazu führen, dass die Einladung als Vorladung verstanden wird. Die persönliche Übergabe einer Einladungskarte oder andere ungewöhnliche Arten der Einladung, können durch Irritation und Musterbruch neue Reaktionen hervorrufen. Hier ist nicht Tradition, sondern Spekulation gefragt: Die Eingeladenen müssen ganz neu darüber nachdenken, spekulieren, wie sie auf die Einladung reagieren wollen. Dadurch beschäftigen sie sich lange mit der Entscheidung, ob sie die Einladung annehmen wollen und wägen die Vor- und Nachteile ausgiebig ab. Wer eine Einladung ausspricht, kann sehr viel von der Zu- oder Absage der Eingeladenen lernen, wenn man ohne Vorwurf nach den Gründen fragt: Haben die Eingeladenen das Gefühl genug Befugnisse zu haben, um die Verantwortung, die mit der Einladung einhergeht, zu tragen? Gibt es in der Organisation Prozesse, Regeln oder Strukturen, die gegen die Einladung sprechen? Verspürt er oder sie eine Inkonsistenz?

5. Sprache – mit Metaphern ausdrücken wofür die Worte fehlen

Was die Eingeladenen in Worte fassen, ist der Schlüssel zur Veränderung. Während wir vom alten Zustand in den neuen Zustand übergehen, verändert sich auch unsere Sprache und wir erlernen einen ganz neuen Wortschatz. Wer einen neuen Job annimmt, in ein neues Land zieht, ein Haus baut, neue Technologien einführt oder sich der Agilität zuwendet, lernt neue Wörter kennen, ein neues Themenfeld mit einer eigenen Sprache.

Eine Liminalität zu durchlaufen sorgt für so viel Dynamik, dass es schwierig wird, für das noch nicht erreichte Neue und den Wandel die passenden Worte zu finden. Unsere Gefühle drücken wir mehr und mehr bildhaft aus und greifen auf Metaphern zurück. Wenn wir genau darauf achten, nehmen wir wahr, dass bestimmte Metaphern von uns selbst oder der gesamten in Veränderung befindenden Gruppe häufiger verwendet werden. „Wir sitzen in einem goldenen Käfig - Selbst wenn die Tür offensteht, fliegen wir nicht davon." Die Herkunft der Metapher ist den Personen meistens nicht bekannt und dennoch sagt sie viel über die Gefühlslage und die aktuellen Herausforderungen aus. Meistens bilden sie sich aus, wenn wir erneut in die gleichen Fallen treten oder vor dem gleichen Problem stehen. Dann nutzen wir eine Metapher, eine Alliteration oder einen Vergleich, die uns häufig selbst gar nicht auffallen.

Ich selbst habe früher unbemerkt oft die agile Transformation mit einem Brühwürfel verglichen: Die Agile Transformation ist kein Brühwürfel! Ich werfe nicht irgendwo Agilität rein und dann löst sich der Brühwürfel auf und ich habe die perfekte, lernende, agile, resiliente Organisation. – Irgendwann stand der „Agile Brühwürfel" für mich – und heute habe ich einen YouTube Kanal, der „Agiler Brühwürfel" heißt und sich mit Metaphern, Vergleichen und so weiter im agilen Arbeitsalltag beschäftigt. Dadurch habe ich mich stärker mit Metaphern beschäftigt und der großen Kraft, die in ihnen steckt. Metaphern können uns nicht nur dabei helfen, einen Zustand zu begreifen, der vorher nicht greifbar ist, sondern sie können uns auch dabei helfen, die aktuelle Situation zu lösen.

Es gibt Lösungsmetaphern und Problemmetaphern. Problemmetaphern sind Ausdrücke wie „Wir stecken im goldenen Käfig", „Er steht im Schatten seines Kollegen", „Ich kämpfe gegen Windmühlen" oder „Sie rennt im Hamsterrad". Lösungsmetaphern sind zum Beispiel „Ich möchte wie ein Adler die Situation überblicken", „Er will an ihm vorbeiziehen", „Ich will Neuland erreichen" oder „Sie entflieht dem Alltag".

Offene und geschlossene Problemmetaphern

Offene Problemmetaphern sind total wage, lückenhaft und werden genutzt, wenn wir noch nicht genau wissen, wo es hingeht. Die Problemmetapher „Ich würde gerne die neue Rolle annehmen, aber ich stehe im Schatten meiner Kollegin" beschreibt wage die Problemsituation. Sie distanziert sich davon auszudrücken, was wirklich das Problem ist und drückt die Hilflosigkeit durch den naturgegebenen Schatten aus. Wer diese Metapher verwendet, der stellt die Situation als gegeben hin und betont, dass er selbst Opfer der Situation ist. „Im Schatten stehen" ist ein passives Verhalten, die eigene Aktivität wird unterlassen, was das Problem aufrechterhält.

Eine geschlossene Problemmetapher ist eher präzise, vollständig und will erzählen, was sich alles dahinter verbirgt. Die Metapher „Ich kämpfe unermüdlich Tag für Tag gegen Windmühlen" ist voller Gefühl einem aktiven Verhalten, das man andauernd oder wiederkehrend ausführt und das immer wieder zum gleichen Ergebnis führt. Der Aufmerksamkeitsfokus wird eingeengt auf das Problem, seine einzige Erklärung und Bewertung und die wiederholten, wenn auch meist vergeblichen, Lösungsversuche.

Öffnende und schließende Lösungsmetaphern

Wenn das Problem sprachlich als Metapher ausgedrückt werden kann, dann gilt das auch für die Lösung. Die sinnvolle Verwendung der verschiedenen Lösungsmetaphern ist nicht beliebig, sondern von der Art der Problemmetapher abhängig: Auf eine geschlossene Problemmetapher können wir mit einer öffnenden Lösungsmetapher antworten, auf eine offene Problemmetapher mit einer schließenden Lösungsmetapher.

Die öffnende Lösungsmetapher führt mehrdeutige Bewertungen des Problems ein: „Wenn du unermüdlich gegen Windmühlen kämpfst, wie kämpfen die Windmühlen denn zurück? Würden die Windmühlen dich angreifen, wenn du einfach stehen bleibst?" Wenn das Problem auf ganz unterschiedliche Weise wahrgenommen werden kann, wird das Problem facettenreicher, vielfältiger und weniger versteift auf einen Aspekt. Die Wertung, die man dem Problem zuschreibt, wird schwächer, die Emotionen kommen vom Höhepunkt runter und das bisherige Problemlösungsverhalten wird unwahrscheinlicher.

Über die Metapher kann das Erlebte vom Erzählten entkoppelt werden und die Situation kann aus einer Meta- oder Außenperspektive betrachtet werden. Die geschlossene Problemmetapher erhält durch die öffnende Lösungsmetapher an Weite und Komplexität.

Die schließende Lösungsmetapher dagegen bietet der offenen Problemmetapher eine präzise Lösungserklärung mit einer eindeutigen Bewertung: „Bevor du weiter im Schatten stehen bleibst, mach doch einen Schritt in die Sonne!" – schlägt sprachlich ein gegenteiliges Verhalten vor und erzeugt dadurch oft starke Gefühle. Erst dadurch wird ein aktives Problemlösungsverhalten hervorgerufen. Natürlich ist die Metapher nur das Erzählte und nicht das Erlebte, dennoch ist sie ein Zeichen für den Beginn eines neuen Verhaltens. Oft führt eine schließende Lösungsmetapher direkt zu einem Ritual oder einer Symbolhandlung, welche die Veränderung unterstützen können.

Intensive Metaphernarbeit

Nur ganz kurz die Metaphern anzusprechen, bewirkt wenig bis nichts. Wenn wir die Metapher unseres Gegenübers aufgreifen und nutzen wollen, um ihn oder sie in der Sprache des alten Zustands abzuholen und in die Sprache des neuen Zustands einzuführen, müssen wir die Metaphernsprache voll auskosten. Wir stecken fest in den Gewohnheiten des alten Zustandes und benötigen erst noch Rituale und Gewohnheiten für den neuen Zustand. Dabei hindern uns die Verhaltensmuster, die wir uns in emotionalen Situationen über die Jahre angeeignet haben. Jetzt brauchen wir Rituale, die uns stützen, mit den Verhaltensmustern zu brechen. Nicht nur, um auf diese Rituale zu stoßen, brauchen wir die Arbeit mit Metaphern, sondern auch, um unser Gehirn neu auf die Situation zu programmieren. Andernfalls fallen wir immer wieder zurück ins alte Verhaltensmuster.

Der Mechanismus dahinter nennt sich Neuroplastizität, die Fähigkeit unseres Gehirns, sich kontinuierlich an die Umgebungsvariablen anzupassen. Das Gehirn lernt nicht nur, wenn wir etwas real ausführen, sondern auch, wenn wir es in Gedanken immer und immer wieder durchdenken. Ein Problem, das schon mehrere Male erfolgreich im Kopf gelöst wurde, kann sehr viel einfacher umgesetzt werden. Dabei unterscheidet das Gehirn wenig, ob wir das echte Problem oder lediglich die genutzte Metapher gelöst haben, da es die gleichen neuronalen Netze befeuert und die gleichen Mechanismen lernt. Wenn wir die genutzte Problemmetapher mit Leidenschaft, Leichtigkeit und Witz gelöst haben, führt dies zu einem befreiten Lösungsverhalten. Wenn das Problem die Schwere und Handlungsunfähigkeit verliert, lässt es sich lösen. Wir gaukeln unserem Gehirn vor, wir hätten das Problem schon gelöst, dadurch, dass wir die Metapher gelöst haben. Wichtig ist dafür das mehrfache und wiederholte ausgiebige bespielen der Metapher, damit das Gehirn daraus lernt. Betrachten wir dafür noch einmal unsere drei Metaphern ‚goldener Käfig', ‚im Schatten stehen' und ‚Kampf gegen

Windmühlen' – Welche Fragen können wir dazu stellen? Je klarer ein Bild vor Augen entsteht und die eigenen Gefühle erkannt werden, desto besser.

Goldener Käfig:

Wie groß ist der Käfig? Wie sieht der Käfig genau aus? Ist der Käfig hochwertig vergoldet? Ist er richtig teuer oder nur billig golden angestrichen? Wer ist im Käfig? Welche Art Tier oder Mensch ist im Käfig? Stehst du allein im Käfig? Stehen da Leute oder Tiere drumherum? Wie fühlt es sich im Käfig an? Wann würdest du den Käfig verlassen? Wer würde dich herausnehmen? Wie fühlt es sich außerhalb des Käfigs an? – Und viele mehr.

Im Schatten stehen:

Wie groß ist der Schatten? Wie stark ist der Schatten? Was erzeugt den Schatten, eine Sonne, die Lampe? Ist es kalt im Schatten? Stehen da noch andere? Wird es eng im Schatten? Was passiert, wenn der Schatten sich bewegt, kleiner oder größer wird? Wie kannst du aus dem Schatten heraustreten? Wie ist es denn, in der Sonne zu stehen? Wann stehst du in der Sonne? Bist du gern im Urlaub in der Sonne? Wann hast du das letzte Mal in der Sonne gesessen? Was ist schön daran, in der Sonne zu stehen? Welche Nachteile hat es für dich, in der Sonne zu stehen? – Und so weiter.

Kampf gegen Windmühlen:

Wie sehen die Windmühlen aus? Gibt es die Windmühlen auch auf Postkarten? Wie kämpfst du gegen Windmühlen? Mit Schwert, bloßen Fäusten, Pfeil und Bogen? Wie lange kämpfst du schon? Kämpft die Windmühle zurück? Was passiert, wenn du nicht kämpfst? Kannst du, ohne zu kämpfen, um die Windmühlen herumgehen? Kannst du Fotos von den Windmühlen machen? Kannst du sie anmalen? Kannst du sie demontieren? Wie könnte das funktionieren? – Und noch ganz andere.

Durch die vielen offenen Fragen werden die neuronalen Netze angeregt, die dafür verantwortlich sind, die Probleme zu lösen. Nach einer ausgiebigen Erkundung der Problemmetapher wechseln wir in Richtung Lösungsmetapher, um anschließend eine Verbindung und Übertragung zwischen der Metapher und dem real erlebten Problem herzustellen. Was haben die vielen Lösungsideen mit dem echten Problem zu tun? Was kann ich aus der Metapher für meine aktuelle Situation lernen?

Wo wir Metaphern heute schon nutzen

Die Arbeitswelt wird immer stärker erobert von Methoden und Ansätzen, die die Kraft der Metaphern nutzen. Oft hüpfen wir jedoch viel zu schnell in die Übertragung der Metapher auf das echte Problem, ohne die Metapher ausgiebig zu nutzen.

Ein bestes Beispiel sind Retrospektiven wie die Segelschiff-Retrospektive, die auf Metaphern und Vergleiche rund um das Segeln aufbaut: Was ist unser Wind in den Segeln? Was ist unser Anker, unser Halt, unsere Bremse? – Leider nutzen wir die Metaphern oft nur für die Einführung in den ersten paar Sätzen und verlassen dann sofort die Metaphernebene. Sofort sammeln wir auf Haftnotizzetteln, welche Themen und Personen das Team ausbremsen und welche Unternehmensstrukturen und Ressourcen das Team voranbringen. Auch anschließend bleiben wir bei dem, was die Teilnehmenden auf die Zettel geschrieben haben und gehen nicht zurück zur Metapher. Die Lösung wird nicht in der Metapher gesucht. Dadurch stehen meist genau die Themen auf den Zetteln, die vorher schon besprochen wurden, und man kommt auch nicht auf andere Lösungsideen. Vielleicht wäre das Team über den Gedanken wie, wer, wann und wofür einen Anker wirft auf Ideen gekommen, wie das Team mit wem, wann und wofür schwierige Themen als Anker nutzen kann.

Auch LEGO® Serious Play nutzt intensive Metaphern, Alliterationen und Vergleiche, um überhaupt passende Bausteine für die Darstellung eines Sachverhalts nutzen zu können. Dann steht ein Clown mit einer Blume für die seichte Kommunikation und Harmoniesucht im Team. Leider sprechen viele im Fortgang des Workshops über seichte Kommunikation und Harmoniesucht statt über Clowns und Blumen. „Wir sprechen durch die Blume" ist eine ganz wunderbare Metapher, die zu einer neuen Sprache für den gewünschten neuen Zustand und zu tollen Lösungsideen führen kann.

Auch wenn wir Mitarbeitende in neuen Themen trainieren, vertrauen wir zu selten auf Metaphern. Bei Trainings für Scrum oder Kanban tun sich viele mit den englischen und japanischen Begriffen schwer. Die Trainingsteilnehmer entwickeln erst sehr langsam eine eigene Sprache für den gewünschten neuen Zustand. Bis dahin haben sie das Gefühl, nicht kompetent zu sein – allein deshalb, weil sie die Sprache nicht sprechen. Viele beginnen dann, das bekannte auf das neue 1:1 zu übertragen. Dann entspricht beim Spotify Model auf einmal der Squad dem Projektteam, der Tribe entspricht dem Produktbereich, das Chapter entspricht dem Fachbereich und die Gilde entspricht dem virtuellen Team – weil diese Begriffe vorher schon existierten. Diese Vergleiche erzeugen nicht den notwendigen Unterschied, sondern setzen Alt und Neu gleich. Bloß neue Etiketten an die Dinge zu kleben, hilft nicht weiter. Das ist, als würden wir einen Indianerstamm als Team bezeichnen oder ein Fußballteam als Stamm - es ist das falsche Etikett. Nutzen wir also die Metapher ‚neu etikettieren', haben wir dazu alle eine Sprache: Wann schreibe ich etwas anderes drauf als drin ist? Wer ändert Haltbarkeitsdaten? Wann passt ein Etikett? Wie gut haftet das Etikett? Was kann passieren, wenn auf etwas ein falsches Etikett klebt? – Wo vorher niemand über die echte Wirkung der falschen Einführung eines Spotify Modells reden wollte, haben wir nun genug Synapsen erregt, um mit der gleichen Sprache des Etikettierens über die Spotify-Modell-Einführung zu sprechen. Auf einmal sprechen viel mehr Leute aus dem Umfeld mit, weil sie eine größere Sicherheit bei diesem Gespräch verspüren.

Wir nutzen in diesem Zusammenhang die Metapher, um eine Gesprächsebene zu schaffen. Natürlich entspricht die Einführung eines Modells nicht dem Anbringen eines Etiketts. Die Metapher dient, wie oben beschrieben, dem Öffnen oder Schließen des Lösungsraums. Das funktioniert natürlich auch mit der Metapher Tribe oder Indianerstamm: Was ist ein Stamm? Wie lebt ein Stamm? Was verbindet die Menschen in einem Stamm? Leben die Stämme friedlich miteinander und nebeneinander? Um welche Ressourcen entfachen Kämpfe zwischen den Stämmen? - Auch dies führt zu emotionalen Einsichten, die bei der Bewertung und Einordnung der neuen Organisationsstruktur helfen können.

Genauso kann ein Scrum Master als Fußball Coach fürs Team agieren oder das Product Backlog sich füllen und leeren wie ein Vorratsraum. Bei all diesen Beispielen werden die Begriffe nicht ersetzt, sondern zeitweise mit den Bildern, Emotionen und Geschichten der Metapher besprechbar gemacht. Die Metapher kann Ängste und Spannungen lösen und im Team zu neuen lockeren Gesprächen führen. Oft verschieben sich die Redeanteile im Team, weil das Team eine neue gemeinsame Sprache erst entwickeln muss. Wer sonst Meinungsbildner*in mit dem größten Redeanteil ist, kann sich bei Gesprächen über die Metapher und den neuen Zustand sehr zurückhalten. Ebenso kann jemand, der sich gewöhnlich zurückhält, über die Metaphernarbeit auftrumpfen und die Führung übernehmen. Gruppendenken, bei dem sich innerhalb einer Gruppe alle der Meinung der Mehrheit anschließen, wird gern durch die Metaphernarbeit irritiert und neu ausgerichtet.

6. Entscheidungen treffen durch Distanz oder Nähe

Gleich in der nächsten Retrospektive können wir eine Metapher verwenden und sie voller Leidenschaft und Intensität bespielen. Wir können alte Rituale nutzen und neue Rituale etablieren, um den Übergang zu begleiten. Durch Einladungen können wir dabei gleich morgen statt auf Macht auf Freiwilligkeit setzen.

Wenn wir mitten in Veränderungen, mitten in der Liminalität stecken, wird es uns auch weiterhin schwerfallen, Entscheidungen zu treffen. Über die Sprache können wir zu neuen Lösungen und in einen neuen Zustand kommen. Ganz intuitiv greifen wir täglich zu Metaphern und nutzen ihre Superkraft doch zu selten. Wir sprechen über ‚Segelsetzen', ‚Kämpfen gegen Windmühlen' oder ‚Goldene Käfige' und entwickeln neue Ideen. Ideen, die über den Tellerrand blicken. Deshalb ist es nicht verkehrt, ein Buch übers Segeln, über Windmühlen oder Käfige zu lesen mit der puren Absicht, in diesem Buch Lösungen für unser Problem zu finden. Vielleicht erklärt uns das Segelbuch, wie Wind in den Segeln wirkt und gibt uns eine Idee, wie wir die Stürme und Windrichtungswechsel am Arbeitsplatz nutzen können.

Während der Liminalität sind wir für komplexe Probleme darauf angewiesen, dass uns gute Ideen einfallen und wir den Mut haben zu experimentieren. Für komplexe Probleme benötigen wir Lösungswege, die den gleichen Grad an Komplexität aufweisen. Eine Intuition dafür, wie wir Windmühlen bekämpfen, bekommen wir viel schneller als dafür, wie wir eine Transformation in einem Großkonzern durchführen. Wenn kein Experte zur Stelle ist, der eine Intuition zu dem aktuellen Problem hat und das Problem schon mehrmals gelöst hat, dann kann diese Brücke gegebenenfalls zu einer neuen Idee führen. Hier gilt natürlich Vorsicht vor einer Trivialisierung.

Fazit: Eine neue Perspektive mit mehr Nähe oder mehr Distanz – ein kurzes, entspanntes Loslassen des Problems und ein kreatives Eintauchen in die Metapher – das ist ein einfaches und wirkungsvolles Werkzeug in unserem Repertoire.

Dr. Miriam Sasse begleitet Sie zur Höchstleistung in turbulenten Zeiten. Die promovierte Maschinenbauerin, zertifizierte Business Coach, Buchautorin und Chapter-Lead der agilen Transformation in einem internationalen Medienkonzern widmet sich den Themen Agilität, Resilienz, Organisationsdesign und Transformation. Sie zeigt in ihren Vorträgen, dass Führung und Organisationsdesign neu gedacht werden müssen, um agile und resiliente Unternehmen zu gestalten. Auf der Suche nach der besseren Arbeitswelt bricht sie die Grenzen des klassischen Denkens: Mitarbeitende freiwillig partizipieren lassen und Probleme transparent machen, um Talente zu provozieren. Zu ihren Büchern gehört das OpenSpace Agility Handbuch und die Anthologie Agile Short Stories über 49 Geschichten über das Agilwerden und Agilbleiben. Sie ist Regionalgruppenleiterin der GPM sowie Dozentin an verschiedenen Hochschulen.

Jan Kausch / Michaela Wessels-Schneider / Arndt Sönnichsen / Jens Gärtner

INNOVATION IN SELBSTORGANISIERTEN PRODUKTIONSTEAMS

Zusammenfassung

Neue digitale Technologien werden die Produktionssysteme nachhaltig verändern. Dies wird basierend auf neuen Fähigkeiten und Kompetenzen agile Formen der Arbeitsorganisation ermöglichen. In Selbstorganisierten Teams (SoT) werden Details der Produktionsabläufe und die interne Aufgabenverteilung innerhalb des Teams bestimmt. Ein höheres Maß an Eigenverantwortung, verbunden mit den entsprechenden Fähigkeiten und Fertigkeiten, sind hierfür Grundvoraussetzung. Auftretende Probleme können innerhalb des Teams gelöst bzw. die Lösungsfindung und Umsetzung initiiert werden. Die kontinuierliche Verbesserung der Prozesse, Methoden und Tools bis hin zum Erarbeiten von innovativen Lösungen für Anforderungen und Probleme des Arbeitsalltages gehören dann auch zum Aufgabenspektrum selbstorganisierter Teams.

Der Prozess der Implementierung von selbstorganisierten Teams wird ein langwieriger sein. Alle Beteiligten, die Mitarbeitenden und die Führungskräfte, müssen dafür bereit und auch entsprechend vorbereitet sein. Erfahrungen und Kompetenzen sind Grundlage für das Erarbeiten innovativer Lösungen. Welche Rahmenbedingungen sind darüber hinaus dafür notwendig?

Eine Reihe von Fragen ergeben sich nun:

- Wie begünstigen wir als Organisation diese Prozesse?
- Wie motivieren wir Mitarbeitende, Ideen und neue Konzepte zu generieren, die die Ablauforganisation verbessern oder Maßnahmen zur Fehlervermeidung zu erarbeiten?
- Welche neuen Formen und Rituale verbessern die Kommunikation im Team und tragen zur Verbesserung der Unternehmenskultur bei?
- Können ein höheres Maß an Eigenverantwortung und Ermächtigung zu einer gesteigerten Zufriedenheit im Arbeitsalltag und zu mehr intrinsischer Motivation der Mitarbeitenden führen?
- Wie können Freiräume für Innovation in der Produktion geschaffen werden?

In den Teams existiert ein großes Potential für Verbesserungen, zur Steigerung von Effektivität und Effizienz und zum Etablieren einer förderlichen Arbeitskultur. Wie heben wir diesen Schatz?

Die Zukunft des Produktionssystems

Innovation im Produktionsumfeld ist sehr oft institutionalisiert und scheint seit langem vornehmlich ein Thema für das Innovationsmanagement sowie im Rahmen des Ideenmanagement für das betriebliche Vorschlagswesen. Produktion soll planbar und effizient sein. Innovation ist genau das nicht, sie ist überraschend und unvorhersehbar. So waren die Mitarbeitenden in der Produktion lange Zeit nur über die internen Verbesserungsprozesse involviert. Die Suche nach Innovation war nicht der Kern der Aufgabe und man widmete sich vielmehr der präzisen Umsetzung des Produktionsplans. Lange Zeit wurde das innovative Potential der WerkerInnen unterschätzt. Als vor einigen Jahren die Idee aufkam, die Innovationskraft des Shopfloor durch Kreativ-Workshops zu beflügeln, war eine Antwort: "Wir haben einen ganzen Schrank voller Ideen, nur keine Zeit sie auszuprobieren."

Ein Manager brachte es auf den Punkt: "Die, die machen, wissen!" Dies deckt sich mit den Erkenntnissen von Empowerment und agilen Arbeitsweisen, in denen empfohlen wird, die Autorität für die Entscheidungen dort anzusiedeln, wo die Informationen sind. Die Informationen zur Wirksamkeit von operativen Tätigkeiten sind eben bei denen, die sie ausführen. Klar ist, dass es sinnvoll, gar notwendig ist, WerkerInnen stärker in die Evolution der Arbeitsprozesse einzubeziehen. Sie müssen Akteure bei Innovation und Transformation sein.

Doch wie bringen wir das mit unserer bestehenden Arbeitswelt zusammen? Unser System ist optimiert für hocheffiziente Erzeugung gleichförmiger Produkte. Dies gilt nicht nur für das Produktionssystem selbst, sondern auch für unterstützende Bereiche sowie Planungs- und Kontrollverfahren. Planung bedeutet Vorhersage. Kontrolliert werden mögliche Abweichungen der Realität zum Plan. Hält sich die Realität an den Plan, ist dieser erfolgreich. Überraschungen sind Störungen. Innovationen sind Überraschungen.

Zunehmend ergibt sich bei der Betrachtung unserer komplexen Welt die Erkenntnis, dass Überraschungen ein wesentlicher und verbreiteter Teil der Realität sind. Wir haben also ohnehin Anlass, unsere Organisation auf einen effektiveren Umgang mit

Überraschungen, und damit auch auf Innovation, einzustellen. Selbstorganisation ist die neue alte Wunderwaffe im effektiven Umgang mit dieser Komplexität.

Selbstorganisation im Produktionsbereich

Wie funktioniert Selbstorganisation im Produktionsbereich? Selbstorganisierte Teams sind nahe am Geschehen und haben die schnellsten Feedbackschleifen, wenn es darum geht, neue Ideen auszuprobieren und darüber zu lernen. Es ist nun aus Sicht der Organisation wichtig, ihnen dieses Lernen zuzutrauen und zuzumuten. Doch welche Anforderungen stellt dies an ein Team?

Selbstorganisation bedeutet mehr Selbstbestimmung und damit in der Regel auch höhere Motivation. Doch müssen sich das Team und jeder einzelne Mitarbeitende damit auch neuen Herausforderungen stellen. Fremdbestimmung ist nicht motivierend, doch ist sie bequem. Wenn aus der Hierarchie unangenehme Entscheidungen kommen, mag dies auch negative Emotionen auslösen, doch das Team weiß zumindest, wer die Entscheidung getroffen und auch die Verantwortung hat.

In der Selbstorganisation muss das Team selbst in der Lage zu konstruktiven Aushandlungsprozessen sein. Die Menschen müssen bereit sein, mit ihren KollegInnen in konstruktive Konflikte zu treten, um die besten Entscheidungen zu treffen. Dies fordert mehr von den Einzelpersonen sowie auch vom Team.

Darüber hinaus muss sich das Spektrum der Kenntnisse und Fähigkeiten erweitern. Neben ihren Kernkompetenzen müssen die Teams mindestens ein Grundwissen über die neuen digitalen Werkzeuge erwerben. Ziel ist, dass sie zumindest eine Idee davon haben, welches Instrument sie an welcher Stelle wie unterstützen könnte.

Der SoT Entwicklungspfad

Entwicklung von Teams und Organisation muss parallel erfolgen. Wenn die Teams neue Fähigkeiten erhalten, muss ihnen auch ermöglicht werden, diese einzusetzen. Leistung erfordert Können, Wollen und Dürfen. Das Können wird über Ausbildung vermittelt. Das Wollen ist bei vielen WerkerInnen durch die Möglichkeiten, die eigene Arbeit mitzugestalten, bereits stark ausgeprägt. Bleibt das Dürfen durch die Organisation zu gewährleisten. Nichts vermag eine Transformation schneller zu beenden, wenn MitarbeiterInnen sich mutig und motiviert auf den neuen Weg machen, nur um festzustellen, dass sie in ihrem Umfeld an vielen Stellen auf Probleme stoßen, weil die umliegende Organisation noch nicht kompatibel zur neuen Arbeitsweise ist. Viele der bis dahin besonders Motivierten drohen sich nach mehreren frustrierenden Erlebnissen abzuwenden, obwohl sie gerade für die Transformation dringend gebraucht würden. Es ist unmöglich, alle Kollisionspunkte zwischen neuer und alter Kultur vorherzusehen. Daher ist es essenziell, den Prozess aufmerksam zu begleiten und bei Kollisionen zügig zu intervenieren.

Zusammenarbeit in Selbstorganisierten Teams

Die Einbindung des gesamten Teams in tägliche Prozessabläufe stärkt das soziale Gefüge innerhalb einer Gruppe. An diesem Punkt setzt die selbstorganisierte Teamarbeit an. Sie fördert eigenverantwortliches Handeln. Selbstorganisierte Teams gibt es in allen Funktionen und an allen Standorten bei Airbus. In jedem Team (10 bis 15 Personen) gibt es feste Rollen und Aufgaben. Alle Teammitglieder werden eigenverantwortlich in die Regelung interner Angelegenheiten eingebunden und tragen so zur Optimierung von Arbeitsabläufen bei. Die Kolleginnen und Kollegen steuern innerhalb der Gruppe ihre Aufgabenverteilung und Personalplanung (Abwesenheiten), ermitteln zusätzliche Qualifizierungsbedarfe und definieren Regeln ihrer Zusammenarbeit.

Für jeweils zwei Jahre wählen die Teams eine Teamsprecherin oder einen Teamsprecher. Diese haben keine fachlichen oder disziplinarischen Führungsaufgaben, sondern sind für die Gruppe ansprechbar und vertreten ihre Interessen nach außen. SoT-Sprecherinnen und -Sprecher werden für ihre Aufgabe qualifiziert. Sie organisieren und leiten Teamrunden und moderieren die Entscheidungsfindung.

Die Führungskraft behält zwar die disziplinarische und übergeordnete fachliche Verantwortung und nimmt am Austausch im SoT-Steuerkreis teil, gibt im Rahmen der selbstorganisierten Teamarbeit aber einige Aufgaben wie die Urlaubsplanung in die Verantwortung der Gruppe. Diese Aufgabenverteilung gibt den Führungskräften in der Produktion, den First Line Managern (FLM) einen größeren Freiraum für die Führungsarbeit und Zeit, um auf die einzelnen Mitarbeitenden einzugehen.

Die Rolle des First Line Managers (FLM) als Führungskraft:

- FLM steht den Teams sowie den SoT-Sprecherinnen und -Sprechern beratend zur Seite
- FLM stellt notwendige Mittel und Rahmenbedingungen sicher

- FLM delegiert Aufgaben in das Team
- FLM nimmt an SoT-Austauschterminen (Steuerkreis) teil

Rolle des Selbstorganisierten Teams:

- Teaminterne Aufgaben- und Verantwortungsverteilung sowie Regeln der Zusammenarbeit
- Ermittlung des Qualifizierungsbedarfs
- Anwesenheits- sowie taktische, kurzfristige Einsatzplanung
- Selbstständige Optimierung der eigenen Arbeitsabläufe entlang der Wertschöpfungskette

Rolle des Teamsprechers:

- Teamsprecher ist das Sprachrohr nach außen und hält die innere Ordnung
- Organisation, Leitung und Dokumentation der Teambesprechungen (Moderator)
- Förderung der Integration im Team und Unterstützung bei der Entscheidungsfindung
- Vermittlung bei teaminternen Meinungsverschiedenheiten und ggfs. weitere Eskalation

Airbus Learning & Exploration Factory

Für die Transformation des Produktionssystems sind neue Fähigkeiten und Fertigkeiten von besonderer Bedeutung. Hierfür gibt es ein breites Angebot an Schulungen und eine Reihe von Programmen in der Weiterbildung. Ein Baustein, um die Veränderungen in der Produktionswelt zu fördern und zu gestalten, ist das direkte Einbeziehen der Mitarbeitenden. Dafür wurde am Standort Hamburg im Dezember 2018 die Airbus Learning & Exploration Factory (LEF) ins Leben gerufen. Die Learning & Exploration Factory schlägt eine Brücke zwischen der Forschungs- und der Produktionswelt. Die wesentlichen Schwerpunkte sind die Digitalisierung, Robotik und Automation in der Produktion sowie nachhaltige Technologien. Die LEF ist für alle Mitarbeitenden offen und stellt eine Plattform für den Austausch, das Ausprobieren und für gemeinsames Lernen aller Bereiche dar. Die LEF ist eine Umgebung, in der Auszubildende und erfahrene Mitarbeitende erste Erfahrungen mit neuen Technologien sammeln können. Ziel ist, durch das aktive Involvieren die Motivation und Akzeptanz für die Arbeit mit neuen Technologien zu steigern.

Arndt Sönnichsen hat die Aufgabe, die industrielle Transformation am Airbus Standort Hamburg als Management-Vertreter gemeinsam mit den Sozialpartnern zu gestalten. Seine langjährige Management-Erfahrung in Produktion, Projektmanagement und Finanzen setzt er ein, um Empowerment, Komplexität, Agilität usw. in pragmatische, lokale und motivierende Lösungen zu übersetzen.

Nach verschiedenen Positionen bei Airbus, unter anderem als Führungskraft im Finanzbereich, ist **Michaela Wessels-Schneider** aktuell als Projektleiterin für die Einführung von autonomen Produktionsteams bei der Airbus Aerostructure GmbH tätig. In dieser Position begleitet sie die Mitarbeitenden durch geeignete Change-Maßnahmen auf ihrem Weg der Veränderung zu agilen, gesunden und leistungsstarken Teams als Grundlage für die industrielle Transformation.

Nach 20 Jahren in StartUps und der New Economy ist **Jan Kausch** seit 5 Jahren bei Airbus Operations damit betraut, neue, agilere Arbeitsformen voranzubringen. Dies tut er im Schwerpunkt in und um die Softwareentwicklung, doch die Methoden dringen im Zuge der Digitalisierung in immer neue Bereiche vor.

Als Verantwortlicher für die Initiative Human Relations 4.0 fördert **Jens Gärtner** die digitale Transformation von Airbus, die Implementierung von Hybridem Arbeiten und befasst sich mit Methoden und Prozessen für den Kompetenzaufbau für neue Technologien. Am Standort Hamburg leitet und betreibt er die AIRBUS Learning & Exploration Factory. Des Weiteren ist er in der Arbeitsgruppe 5 „Arbeit, Aus- und Weiterbildung" der Plattform Industrie 4.0 des BMWK aktiv.

Dominik Maximini

WENN INKREMENTE ZU EXKREMENTEN WERDEN: VOM SCHEITERN AGILER TRANSFORMATIONEN

Bei agilen Transformationen setzen Unternehmen oft auf Ansätze, welche die Schwächen mehrerer Ansätze kombinieren und zu Ergebnissen führen, die eigentlich niemand möchte. Die Folge ist, dass das gesamte Unternehmen sich konstant „in between" befindet, also weder klar „klassisch", noch klar agil aufgestellt ist. Die entwickelten Produkte – die Inkremente - werden dann weder in der Qualität noch in der Quantität den Ansprüchen gerecht. Die Ergebnisse haben dann mehr mit Exkrementen zu tun als mit werthaltigen Produkten.

Von Inkrementen und Exkrementen

Der Schlüssel zum Verständnis von Inkrementen und Exkrementen ist die Unterscheidung von Output, Outcome und Impact. Dieses vor allem aus der Entwicklungshilfe bekannte Modell beschreibt den Wirkungsfokus unserer Arbeitsergebnisse. Alle produzierten Arbeitsergebnisse sind „Output". In der Entwicklungshilfe könnte das zum Beispiel eine Schule sein. Im Alltag von Unternehmen ist dies mit dem Fokus auf die Lieferung von User Stories vergleichbar. Es sollen möglichst viele davon geliefert werden, ohne dass die Verantwortlichen notwendigerweise in der Lage wären zu definieren, wozu diese User Stories genutzt werden sollen.

Die Antwort auf die Frage, wozu die Ergebnisse genutzt werden, führt uns zum „Outcome". Der Fokus liegt hier auf dem für den Nutzer erreichten Ergebnis. Die in der Entwicklungshilfe gebaute Schule liefert im Ergebnis zum Beispiel Menschen, die lesen und schreiben können. Im Unternehmensalltag könnten dies Features sein, also Funktionsblöcke, die einen abgeschlossenen Nutzen darstellen. So könnte beispielsweise der Checkout-Prozess in einem Webshop einen Outcome darstellen.

Der Fokus auf Outcomes ist zwar schon wesentlich hilfreicher als der auf Output, allerdings fehlt noch die Sicht auf den Nutzen für den Anwender. Was will dieser mit der Nutzung des Outcomes erreichen? Die Absolventen unserer Schule nehmen nun zum Beispiel viel aktiver am politischen und Wirtschaftsleben teil, als dies ohne die Fähigkeit zu lesen und zu schreiben möglich gewesen wäre. Hier wird nun ein Impact erzielt. Im Unternehmen entspricht der Impact in etwa der Sicht auf den Mehrwert für den Nutzer. Die oben beschriebene Checkout-Funktion ist für sich genommen zum

Beispiel unbedeutend. Wenn aber die Tochter des Anwenders in Zukunft 30 Minuten früher ins Bett geht, weil sie nun ihre Lieblingsbettwäsche hat und dadurch die Beziehung der Eltern besser wird, dann liegt ein Mehrwert, oder auch Impact, vor.

Teams und Organisationen, die sich vorwiegend auf Output fokussieren, liefern meines Erachtens eher Exkremente als Inkremente. Selbst wenn die Umsetzungsgeschwindigkeit hoch ist, bleibt der Nutzen für die Anwender meist weit hinter den Erwartungen zurück. Im Ergebnis entstehen Funktions-Moloche, die keinen nennenswerten Mehrwert bieten und einem Flickenteppich gleichen.

Liegt der Fokus auf Outcome, werden viele Features geliefert. Das ist in Ordnung, fühlt sich tendenziell aber kalt an, da der Nutzer nicht im Mittelpunkt steht, sondern die Funktionalität an sich. Als Unternehmen kann man hier aber trotzdem erfolgreich sein.

Gute Inkremente sind hingegen auf den Impact für die Anwender ausgerichtet. Hier entsteht echter Mehrwert mit weniger Aufwand, weil sorgfältig ausgewählt wird, was wirklich einen Unterschied für den Nutzer macht. Hier entstehen Produkte, die von den Kunden geliebt werden.

Was produziert ihr heute? Inkremente, oder Exkremente?

Das vollständig agile Unternehmen

Gibt es vollständig agile Unternehmen? Was macht ein agiles Unternehmen eigentlich aus? Stark vereinfacht gesagt sorgt ein agiles Unternehmen dafür, dass der Kunde Mehrwert (Value) bekommt, während die Mitarbeiter des Unternehmens mit einem Lächeln im Gesicht arbeiten, weil sie sich wohl fühlen.

Das wird erreicht, indem die Organisation schnell auf sich ändernde Anforderungen reagiert, Mitarbeiter und Kunden in den Mittelpunkt gestellt werden, flexibel statt prädiktiv geplant wird, Veränderungen mit Experimenten erkundet werden, die Aufbauorganisation eher flach und zellular als hierarchisch gestaltet ist, Effektivität wichtiger genommen wird als Effizienz und die Führungskräfte darauf achten, Abhängigkeiten und Kommunikation zu optimieren[1]. Gelingt es einem Unternehmen, sich komplett agil aufzustellen, werden wertvolle Inkremente scheinbar mühelos ausgeliefert. Ein beständiger Strom von Value findet seinen Weg sicher zu den Kunden. Exkremente bilden die absolute Ausnahme, werden schnell transparent gemacht und in Inkremente transformiert.

Leider ist für viele Unternehmen ein solches Maß an Agilität noch eine Utopie. Das liegt primär daran, dass diese Unternehmen ihr Führungsverhalten, ihren Planungsansatz, den Fokus und die Systeme der Entscheidungsfindung so gestaltet haben, dass Agilität systematisch verhindert wird.

Führungsverhalten

Ein agiles Führungsverhalten zeichnet sich durch Transparenz und Partizipation aus. Das bedeutet natürlich nicht, dass alle Entscheidungen basisdemokratisch getroffen werden. Jedoch darf jeder seine Meinung frei äußern und wird auch gehört. Die Führungskräfte verstehen sich als Teil des Teams und nehmen sich nicht als „darüberstehend" wahr. Ihre Aufgabe ist es, die Kollegen bei der Erfüllung ihrer Aufgaben zu unterstützen. Die agile Perspektive ist nicht, dass die „Mit"-Arbeiter den Chef bei der Erfüllung seiner Aufgaben unterstützen. Agile Führungskräfte leben agile Werte vor, handeln visionsgetrieben und probieren gerne Neues aus. Experimente bestimmen den Alltag. Das betrifft auch die Führungskräfte und ihre Aufgaben. Neue Wege werden erkundet und täglich führen Lernerfolge zu neuen Ideen. Das schließt auch ein, Fehler zu machen. Diese sind ganz normal und werden nicht automatisch sanktioniert. Die Grundhaltung ist, dass jeder unter den gegebenen Rahmenbedingungen sein Möglichstes getan und sein Bestes gegeben hat. Wenn dann doch mal etwas nicht funktioniert, erübrigt sich die Suche nach Schuldigen, denn die Suche nach einer besseren Lösung steht im Fokus. Verhalten sich Mitarbeiter doch einmal unangemessen, dann wird auch im System nach den Ursachen gesucht, denn das Verhalten eines Menschen ist stets das Produkt aus Umfeld und Persönlichkeit.

Ein solches Führungsverhalten schafft psychologische Sicherheit, Spaß an der Arbeit und Innovation. Leider erleben wir bei unserem Kunden häufig eine andere Haltung der Führungskräfte.

Wenn dort ein Fehler gemacht wird, lautet die Erste Frage: „Wer hat Schuld?" Die Suche nach Schuldigen ist meist wichtiger als die Lösung des Problems, was sich auch an der Zeit zeigt, die für die Schuldfeststellung und die Lösungsfindung eingesetzt wird. Die Grundannahme ist auch, dass das Verhalten von Mitarbeitern eine Funktion aus Persönlichkeit und Wille sei. Verhält sich ein Mitarbeiter also unangemessen, hat er sich bewusst dazu entschieden und muss für diese Entscheidung sanktioniert werden. Das umgebende System wird nicht wahrgenommen und spielt bei der Betrachtung von Mitarbeiterverhalten entsprechend auch keine Rolle. Die Führungskräfte in solchen Umgebungen müssen dann konsequenterweise auch tief in Details eintauchen und alles kontrollieren, denn es herrscht ständig die Sorge vor, die Mitarbeiter könnten sich dazu entscheiden, etwas Dummes zu tun. Die mentale Unterteilung in „gute" und „schlechte" Mitarbeiter herrscht vor, was zu einem sehr selektiven Führungsstil führt. Unterschiedliche Mitarbeiter werden sehr verschieden behandelt und der Chef entscheidet, wem er seine Aufmerksamkeit schenkt und mit wem er Informationen teilt. Intransparenz wird als Mittel der Kontrolle und Macht geschätzt, zumal den Mitarbeitern nicht zugetraut wird, konstruktiv mit Transparenz umzugehen. Die Arbeit erfolgt stark aufgabenzentriert, also auf Output ausgerichtet. Visionen und Impact werden als zu abstrakt und diffus wahrgenommen. Führungskräfte, die sich in einem solchen System befinden, erleben die agilen Werte für sich auch nicht als wirksam. Mut, Transparenz und Offenheit werden eher als Bedrohung für die eigene Karriere und den Abteilungserfolg wahrgenommen. Entsprechend veränderungsavers ist das Verhalten aller Beteiligten. Fehler werden als etwas Schlechtes betrachtet und wo immer möglich vermieden – oder versteckt.

Ein solches Umfeld produziert im Regelfall keinen Impact, sondern nur Output. Der Fokus liegt auf der Aufgabenerfüllung (Output) statt einem Ziel (Outcome) oder Kundennutzen (Impact). Mitarbeiter halten Fehler geheim, schlechten Ideen wird nicht widersprochen. Es fehlen Informationen, um gute Entscheidungen zu treffen. Mut, Offenheit, Respekt, Commitment und Fokus werden nicht gelebt. Agilität ist so nicht möglich und Exkremente das wahrscheinlichste Ergebnis.

Planung

Agile Organisationen sehen nicht den Plan, sondern die Planung als Ziel. Die Haltung ist hier, dass der Mehrwert der Planung in der Diskussion der Beteiligten besteht, nicht in dem resultierenden Dokument. Der Erfolg des Teams kommt außerdem durch die Umsetzung des Produktes, nicht durch die Planung. Lösungen werden entsprechend empirisch entwickelt, Planungen werden ständig angepasst und optimiert. Dabei wird aber darauf geachtet, keine Zeit durch den Planungsprozess zu verschwenden. Ziel ist eine „gut genuge" Planung, keine perfekte, denn aus agiler Sicht kann ein perfekter Plan in einem komplexen Umfeld niemals erreicht werden. Die Sicherheit wird also nicht durch ein Planungsdokument geschaffen, sondern durch einen kurzen Planungshorizont, beispielsweise in Iterationen. Das Risiko wird durch eine auf Sprints oder

Monate fokussierte Budget- und Vertragsgestaltung minimiert. Gleichzeitig herrscht der Konsens vor, dass nur stabile Teams Planungssicherheit geben können. Entsprechend werden Projekte auf Teams geplant, statt Personen auf Projekte.

Die dadurch entstehende Flexibilität ermöglicht es, jederzeit auf sich ändernde Anforderungen oder Erkenntnisse zu reagieren. So kann der gelieferte Wert maximiert werden. Dies ist besonders deshalb wichtig, weil ein Fokus auf Impact dazu führt, dass unter einer Vielzahl von Featureoptionen diejenigen gefunden werden müssen, die den größten Mehrwert für die Nutzer generieren. Sehr häufig stellt sich im Verlauf der Umsetzung heraus, dass nicht die erste Idee auch den größten Impact hat.

Leider treffen wir auch hier häufig auf Unternehmen, die ein komplett anderes Paradigma leben. Dort ist nicht der Prozess der Planung das Ziel, sondern der Plan an sich. Dahinter steckt der Glaubenssatz, dass Erfolg nur durch einen guten Plan garantiert werden kann. Dieser gute Plan erfordert einen entsprechend umfangreichen Planungsprozess. Lösungen werden nicht unterwegs entdeckt, sondern vorab konzipiert. Es gibt außerdem die Annahme, dass es genau eine beste Lösung gibt, die es zu finden und zu implementieren gilt. Die Sicht, dass es auch mehrere gleich gute Lösungen geben könnte, oder unterschiedliche Nutzergruppen unterschiedliche Ansätze als vorteilhaft erachten könnten, wird abgelehnt. Durch den Fokus auf die eine beste planbare Lösung wird auch ein langer Planungshorizont angestrebt. Dieser gibt scheinbare Sicherheit und ermöglicht auch die Allokation von auf Jahre festgelegten Budgets und Verträgen. Die projektbeteiligten Personen werden dabei primär als Ressourcen betrachtet, die ohne negative Folgen für das Arbeitsergebnis zwischen Teams und Projekten hin- und hergeschoben werden können. Auch die Zuweisung zu mehreren unterschiedlichen Projekten ist üblich, da individuelle Rüstzeiten der Mitarbeiter ignoriert werden. So kann es passieren, dass ein Experte in fünf Projekten gleichzeitig zu je 20% seiner Zeit arbeiten soll, de facto aber in keinem dieser Projekte eine Leistung erbringt, weil er nur mit organisatorischen Fragestellungen und Meetings beschäftigt ist.

In einem solchen Umfeld wird der Plan wichtiger als das Ergebnis. Nicht selten wird mehr Geld und Zeit in die Verwaltung, Organisation und Planung des Vorhabens gesteckt, als in die eigentliche Umsetzung. Die so verlorene Zeit wird dann versucht, durch die Einsparung von Qualität wieder hereinzuholen, denn die stattdessen mögliche Anpassung des Plans wird nicht in Betracht gezogen. Jede Änderung an Plan oder Budget zieht eine unangenehme Kette von Eskalationen nach sich – also werden sie vermieden. Die umgesetzten Lösungen sind plankonform aber nicht unbedingt optimal für die Nutzer. Im Ergebnis entstehen Output oder Outcome, aber kein Impact. Qualitativ schafft ein solches Umfeld in der Mehrzahl der Fälle Exkremente im Sinne von fehlerhaften und qualitativ minderwertigen Produkten.

Fokus

In agilen Organisationen liegt der Fokus auf Teams und Menschen. Weiche Faktoren, Emotionen und Teamdynamiken werden als wichtiger Faktor angenommen. Auch der Mehrwert für Nutzer und damit auch die Qualität der geschaffenen Produkte werden ins Zentrum der Aktivitäten gestellt. Effektivität wird höher bewertet als Effizienz. Es geht also mehr darum, die richtigen Dinge zu tun, als die Dinge möglichst schnell umzusetzen. Um das zu erreichen ist in agilen Organisationen gemeinsames Lernen essenziell. Auch werden Abhängigkeiten und direkte Kommunikation optimiert.

Ein solcher Fokus führt zu wertvollen Inkrementen, die Outcomes und Impact für die Nutzer produzieren.

In vielen Unternehmen liegt der Fokus allerdings nicht auf Menschen, sondern auf Ressourcen und „Full Time Equivalents" (FTE). Weiche Faktoren und Teamdynamiken werden als zu vernachlässigender Faktor angesehen. Die Planeinhaltung und Abarbeitung von spezifischen Aufgaben sind wichtiger, als der Mehrwert für den Nutzer. Die effiziente Planabarbeitung steht im Vordergrund. Statt gemeinsam zu lernen wird das Wissen einzelner Experten gestärkt und gefördert. Entsprechend gering ist der Bedarf an direkter Kommunikation. Stattdessen werden Prozesse und Rollen optimiert und dokumentiert.

In einem solchen Umfeld fühlen sich Menschen oft unwohl und sehen die Arbeit nicht als Möglichkeit zur persönlichen Entfaltung, sondern primär als Mittel, um Geld zu verdienen. Die Motivation ist im Schnitt niedriger, was auch daran liegt, dass die Qualität des Produktes leidet. Der Hauptansatz zur Problemlösung ist, neue Regeln und Rollen einzuführen. Das hilft aber meist nicht. Stattdessen entstehen immer neue Wissensinseln und „Fürstentümer" während die Abhängigkeiten zunehmen, was die Probleme weiter verschärft. Im Ergebnis entsteht Output, der nur einen geringen Mehrwert für die Nutzer hat.

Entscheidungsfindung

Die Entscheidungsfindung in agilen Unternehmen ist stark dezentralisiert. Die Entscheidungen fallen da, wo die Expertise für das entsprechende Thema sitzt, also meist „unten" in der Hierarchie. Sehr häufig treffen Umsetzungsteams auch weitreichende Produktentscheidungen. Diese werden von allen respektiert. Das schließt auch hohe Führungskräfte mit ein. Grundsätzlich gilt, dass alle Entscheidungen so lange gelten, bis mehr gelernt wurde und Erkenntnisse vorliegen, die eine Korrektur erforderlich machen. Die Hintergründe aller Entscheidungen sind stets auch für solche Personen vollständig transparent, die gar nicht involviert oder betroffen waren. Außerdem werden Entscheidungen so spät wie möglich getroffen, ohne aber verantwortungslos zu sein. Da agile Organisationen annehmen, dass sich das Umfeld ständig ändert, herrscht auch der Glaube vor, dass eine später getroffene Entscheidung tendenziell besser passende Ergebnisse liefert als eine früh getroffene.

In komplexen Umgebungen, zu denen Produktentwicklung meist gehört, liefert diese Form der Entscheidungsfindung in der Regel bessere Ergebnisse als eine hierarchische Form. Das gilt sowohl für technische Lösungen als auch für die Erfüllung der Kundenbedürfnisse. Die resultierenden Inkremente sind sehr werthaltig.

In Unternehmen, die nicht agil aufgestellt sind, fallen Entscheidungen meist an der Spitze. Hierzu werden formale Prozesse und Gremien, zum Beispiel Steuerkreise, eingeführt. Es ist üblich, dass Mitarbeiter, die eine Entscheidung benötigen, diese zunächst vorbereiten (gerne in einem Foliensatz), sich dann einen Termin im Steuerkreis geben lassen und ihre Entscheidungsvorlage dort präsentieren. Danach entscheidet der Steuerkreis darüber. Dieser Prozess dauert regelmäßig mehrere Wochen oder sogar Monate und die Entscheidungen sind nur so gut wie die erstellte Entscheidungsvorlage, denn der Steuerkreis hat in aller Regel kaum eigene Erkenntnisse und entscheidet basierend auf der Aktenlage. Durch den mit dem Entscheidungsprozess verbundenen Aufwand werden Entscheidungen vermieden. Wurde entschieden, bleibt die Entscheidung möglichst lange gültig, denn jede Korrektur erfordert erneut den hohen Aufwand. Gleichzeitig behält sich die Führungsspitze das Entscheidungsmonopol vor und beansprucht für sich, jederzeit Entscheidungen zu revidieren, die auf anderen Ebenen getroffen wurden. So können auch Teamentscheidungen jederzeit von oben geändert werden. Dabei bleiben die Gründe für Entscheidungen meist intransparent und undiskutiert. Zwar wird hin und wieder der Hauptgrund für eine Entscheidung kommuniziert. Allerdings wird selten transparent gemacht, wie die Abwägung ausgefallen ist und welche Bedeutung anderen Faktoren zugebilligt wurde.

Im Ergebnis kommen Entscheidungen zu spät und sind häufig nicht optimal. Es wird vermieden, Entscheidungen durch den offiziellen Weg treffen zu lassen. Stattdessen entscheiden die Teams selbst, machen dies aber nicht transparent, so dass die Führungsspitze nichts davon weiß und dies bei künftigen Entscheidungen auch nicht berücksichtigen kann. So sind weder die Führungskräfte noch die Teams empowert, Entscheidungen zu treffen. Den einen fehlt die Macht, den anderen die Informationen dazu. Dieser Sachverhalte drückt häufig auf die Stimmung und reduziert die Motivation der Teams. Außerdem herrscht Unverständnis für Entscheidungen, was die Motivation weiter reduziert und dazu führen kann, dass Entscheidungen einfach ignoriert werden.

Im Ergebnis führen diese schlechteren Entscheidungen zu schlechteren Produkten. Kundenbedürfnisse werden viel langsamer und suboptimaler erfüllt als in agilen Organisationen, so dass unterm Strich eher Exkremente als Inkremente entstehen. Echten Impact zu erzeugen ist in einem solchen Umfeld schwirig, da die Lernzyklen eher lang sind und somit nicht schnell auf neue Erkenntnisse reagiert werden kann.

Fazit

In der Praxis gibt es mehr Exkremente und Output als Inkremente und Impact. Leider entwickeln viele Teams schlechte Produkte und brauchen dazu mehr Zeit, als sie dürften, um langfristig wettbewerbsfähig zu sein. Verursacht wird dieser Missstand durch toxische Unternehmenskulturen, die vor allem in den Bereichen Führungsverhalten, Planung, Fokus und Entscheidungsfindung nicht für die heutige komplexe Welt optimiert sind. In Zeiten der multiplen Krisen, des Fachkräftemangels und der digitalen Revolution kann dies fatal für Unternehmen enden. Sobald ein (meist neuer) agiler Marktteilnehmer die Markteintrittsbarrieren überwindet, kann er den Markt penetrieren und übernehmen. Die nicht-agilen Konkurrenten kämpfen dann ums Überleben, haben aber keine Chance mit der Änderungsgeschwindigkeit des agilen Wettbewerbers mitzuhalten. Der Schlüssel zum Erfolg ist, Value für die Nutzer zu erzeugen. Wenn dies nicht gelingt, ist der Niedergang des Unternehmens langfristig wahrscheinlich.

Statt nun aber fatalistisch die Hände über dem Kopf zusammenzuschlagen und wegen dieser Ungerechtigkeit zu lamentieren, empfehle ich etwas anderes: Wähle dir eine kleine Maßnahme aus, mit der du deinen Kontext ein klein wenig verbesserst. Was ist der eine Schritt, der dein Umfeld weniger Output und ein kleines Bisschen mehr

Impact erzeugen lässt? Triff eine Annahme, designe ein Experiment dazu und probiere es aus. Was kann schon schief gehen?

Dominik Maximini ist eine erfahrene Führungskraft, Agile Coach, Trainer und Autor. Früher hat er zunächst ein agiles Start-Up gegründet und danach als Führungskraft bei einem Beratungsunternehmen gearbeitet. Heute hat er alle Unternehmens-Fesseln abgestreift und fokussiert sich als Entrepreneur darauf, echte Agilität zu fördern und Projekte zu vermeiden, bei denen es nur darum geht, den Status Quo mit neuen Etiketten zu verzieren. Er steht für Agilität, Exzellenz und Wertsteigerung der Produkte und Organisationen seiner Kunden.

---

[1] Maximini, D. (April 2018). The Scrum Culture: Introducing Agile Methods in Organizations (2. Edition). Springer.

Dr. Heiko Schröder / Dr. Ulrich Pfeiffer

DIE RÜCKSEITE DER MEDAILLE – PSYCHOLOGISCHE STOLPERFALLEN „AGILER" ORGANISATIONSENTWICKLUNG

Einleitung

Viele Unternehmen haben sich in den letzten Jahren vorgenommen, „agil" zu werden, um sich verändernden Rahmenbedingungen besser gerecht werden zu können. Damit einher gehen oftmals tiefgreifende Veränderungen sowohl in der Ablauf- als auch in der Aufbauorganisation. Von einer agilen Haltung geprägtes Change Management begleitet die Menschen nicht nur durch den Veränderungsprozess, sondern stellt sie in dessen Mittelpunkt und berücksichtigt so von vorneherein auch psychologische Aspekte. Warum jedoch kommen auch vermeintlich „agile" Transformationen immer wieder ins Stolpern? Der vorliegende Beitrag beleuchtet anhand eines konkreten Transformationsprozesses psychologische Stolperfallen agiler Organisationsentwicklung und leitet Erkenntnisse für die Praxis ab.

Zunächst wird in Kapitel 0 mit der Transformation des Forschungs- und Entwicklungsbereichs von TRUMPF Werkzeugmaschinen der Use Case kurz vorgestellt. In Kapitel 0 wird auf vier Herausforderungen im Transformationsalltag genauer eingegangen und jeweils eine Stolperfalle abgeleitet, die dann wissenschaftlich aus Perspektive der Psychologie betrachtet werden. Die wichtigsten Einsichten und Erkenntnisse werden in Kapitel 0 zusammengefasst, bevor abschließend die Relevanz für die praktische Arbeit von Organisationsentwickler/innen diskutiert wird.

Die agile Transformation des F&E Bereichs von TRUMPF Werkzeugmaschinen

Ausgehend von der Erkenntnis, dass es für einen erfolgreichen Wandel vom Maschinen- zum Lösungsanbieter sowohl Agilität und Adaptionsfähigkeit in den Abläufen als auch einer ganzheitlichen Perspektive auf den gesamten Entwicklungsverbund bedarf, hat sich der Forschungs- und Entwicklungsbereich von TRUMPF Werkzeug-maschinen auf eine agile Transformationsreise begeben, die im Konferenzband zur letztjährigen in_between genauer beschrieben ist[1]. Im Zentrum steht ein neues Rollen- und Zusammenarbeitsmodell, das durch Selbstorganisation die Anpassungsfähigkeit erhöhen und gleichzeitig mittels geeigneter Strukturen hinreichend Halt und Stabilität gewährleisten soll. Es beschreibt fünf agile Kernrollen (siehe auch Abbildung 1):

Die fachliche Führung in der Produktentwicklung ist zwischen R&D Manager/in und Architekt/in aufgeteilt, wobei erstere/r die Wertmaximierung des Produkts und die Pflege des zugehörigen Backlogs verantwortet. Die Architektin bzw. der Architekt stellt eine durchgängige und wiederverwendbare Architektur sicher und kümmert sich um das Zusammenspiel von Produkten und Features. Gemeinsam gestalten sie den fachlichen Rahmen, in dem sich die Entwickler/innen als dritte Kernrolle in ihren Erbringungsteams möglichst wirksam und störungsfrei auf die Definition und Lieferung von Produktinkrementen fokussieren können. Unterstützt werden die Teams dabei von der Rolle des/der Agile Master/in, die den Team-Prozess verantwortet und die kontinuierliche Weiterentwicklung auf Team-Ebene begleitet. Die disziplinarische Führung samt der Verantwortung für übergreifende Abläufe sowie die Weiterentwicklung der Organisation als Ganzes ist in der Rolle des/der Agile Manager/in gebündelt.

Die Dreiteilung der Führungsverantwortung auf R&D Management, Architektur und Agile Management spiegelt sich in der Ablauf- und Aufbauorganisation wider: die operative Steuerung des Produktportfolios erfolgt über acht Business Centers, die jeweils neben Wertstromverantwortung und Produkt-Management einen R&D Management Lead haben. Über eine gemeinsame Portfolio-Priorisierung wird sichergestellt, dass die Erbringungsteams im Ablauf an den richtigen Themen arbeiten. Die Bereitstellung und Weiterentwicklung der dafür benötigten Team-Strukturen obliegt dem Agile Management, in dem die Aufbauorganisation gebündelt ist. Die Architektur als dritte Säule wirkt über Domänen- und Team-Architekten direkt in die Produktentwicklung ein und richtet diese auf die gemeinsame Zielarchitektur aus. Letztere orientiert sich am Leitgedanken dreier ineinander verschachtelter Architekturschalen: Den Kern bildet die Equipment-Schale mit Fokus auf den Einzelprodukten und -systemen, deren Vernetzung innerhalb der Fabrik auf der mittleren Factory-Schale liegt. Die äußere Ecosystem-Schale umfasst das gesamte Ökosystem der Wertschöpfungskette inklusive externer Partner. Abbildung 2 zeigt, wie dieses Modell auch die vernetzte Aufbauorganisation geprägt hat.

Da die meisten Abteilungen vor der Einführung des neuen Rollenmodells eine klassische Struktur hatten, war die Transformation mit einer umfassenden Neuverdrahtung der disziplinarischen Aufbauorganisation verbunden, die den gesamten Entwicklungsbereich im Kern resilient gegenüber sich ändernden Anforderungen machen und es erlauben sollte, sich adaptiv neu auszurichten. Die Umstellung begann im Juli 2021 und erfolgte in mehreren Wellen. Seit März 2022 ist diese für einen Großteil des Entwicklungsverbunds abgeschlossen.

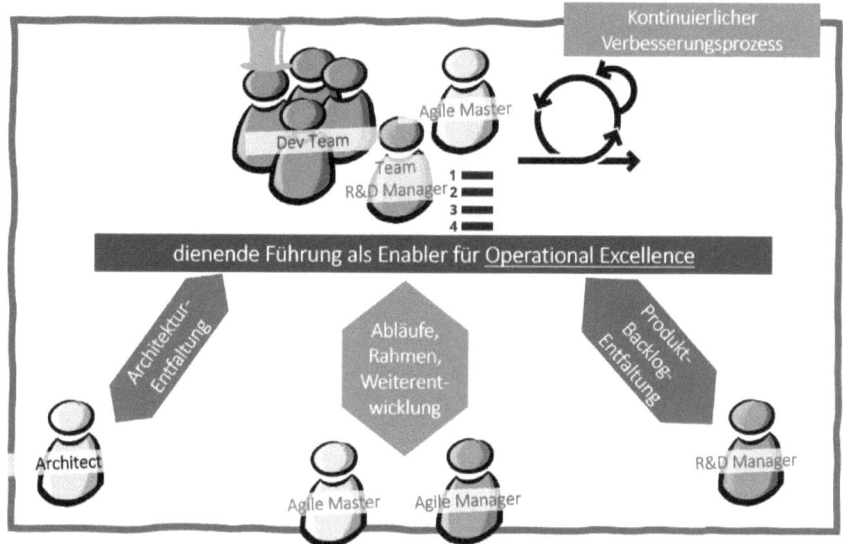

Abbildung 2: Die drei Säulen agiler Führung im neuen Rollen- und Zusammenarbeitsmodell als Rahmen, in dem Selbstorganisation zur Entfaltung kommen soll

Neuralgische Stolperfallen der agilen Transformation

Zum Zeitpunkt der Entstehung dieses Beitrags sammelt der F&E Bereich von TRUMPF Werkzeugmaschinen seit ca. einem Jahr operative Alltagserfahrungen mit der Zusammenarbeit im neuen Rollenmodell. Basierend darauf werden im Folgenden vier neuralgische Stolperfallen der agilen Organisationsentwicklung beschrieben und psychologisch beleuchtet.

Stolperfalle 1: Veränderungsträgheit

Dem Go-Live der neuen Aufbauorganisation ging eine längere Konzept- und Vorbereitungsphase voraus, in die auch die Erkenntnisse aus verschiedenen agilen Keimzellen einflossen, die sich über Jahre im Bereich herausgebildet und sukzessive weiterentwickelt hatten. Mit dieser gewachsenen Basis und dem BAPO-Modell[2] als methodischer Herangehensweise wurden Business-Strukturen, Architektur-Konzepte sowie Rollen- und Zusammenarbeitsmodelle iterativ unter breiter Einbeziehung der Menschen im Entwicklungsverbund ausgearbeitet[1]. Die Kommunikation zur Notwendigkeit des Wandels und zu relevanten Ergebnisse erfolgte möglichst transparent, inklusive Resonanzräumen für Austausch und Feedback. So konnte man sich zum Beispiel über sämtliche Rollen in offenen „Deep Dive"-Formaten intensiv informieren und im Dialog schon vor dem Roll-Out an einem gemeinsamen Rollenverständnis arbeiten.

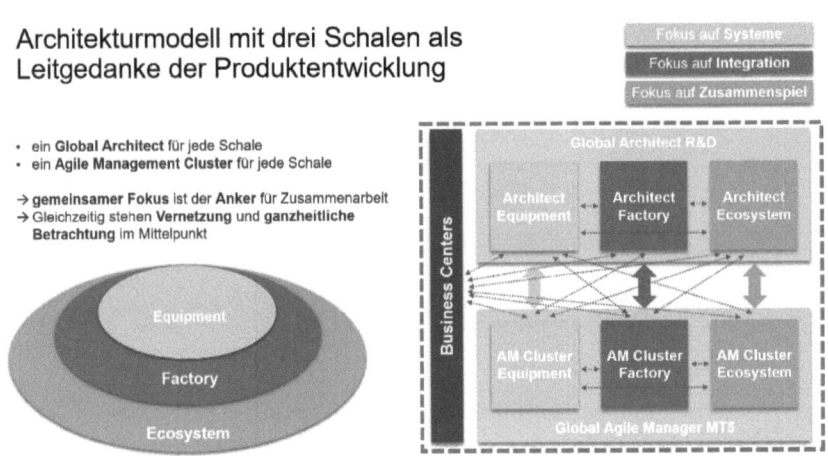

Abbildung 3: Ein Architekturmodell als Leitgedanke für Produktentwicklung und Aufbauorganisation

Die Organisation wähnte sich entsprechend gut vorbereitet für den Sprung ins kalte Wasser – wohlwissend, dass sich bei einer so großen Veränderung vieles nicht vorher schon „am Reißbrett" definieren lässt, sondern sich im alltäglichen Zusammenspiel neu erarbeitet werden muss. Anfängliche Reibungsverluste in Form von erhöhten Abstimmungsaufwänden, Unklarheiten im Ablauf, Doppelbelastungen alter und neuer Rollenhüte und so weiter waren in dieser Findungsphase zu erwarten. Eher überraschend war, wie viele nach der Umstellung generell noch mit dem neuen Rollenmodell zu hadern schienen, insbesondere mit dem Zusammenspiel der beiden fachlichen Führungsrollen R&D Manager/in und Architekt/in. Die intensiven Dialoge in Vorbereitung auf den Wandel hatten in der Breite nicht hinreichend von dessen Notwendigkeit überzeugt, sodass nun im operativen Alltag Beharrungskräfte zutage traten, die allen Beteiligten viel Energie kosteten.

Warum ist Wandel trotz all der Vorbereitung so mühsam?

Diese Beharrungskräfte bezeichnet man in der Organisationspsychologie als Veränderungsträgheit ("change inertia"). Sie ist in nahezu allen Veränderungsprozessen zu beobachten. Trotz aller Vorbereitung und des unermüdlichen Einsatzes von Führungskräften, Change Managern und Coaches bewegt sich die Transformation nach einem schwungvollen Auftakt irgendwie nicht mehr voran. Doch woran liegt das? Dies wurde bereits vor vielen Jahren pointiert durch die beiden Organisationsforscher Hannan und Freeman zum Ausdruck gebracht: "In Organisationen herrscht ein starker Trägheitsdruck. Wer etwas anderes behauptet, ignoriert das offensichtlichste Merkmal des Organisationslebens." Die Gründe liegen laut Hannan und Freeman in der externen Erwartung an Organisationen: Von ihnen wird eine große Verlässlichkeit der Leistung und ein hohes Maß an Verantwortlichkeit des Handelns erwartet. Würde TRUMPF plötzlich reihenweise fehlerhafte Geräte produzieren oder auf Serviceanfragen nicht mehr verlässlich reagieren, wäre der Unternehmenserfolg schnell passé. Verlässlichkeit und Verantwortlichkeit erfordern jedoch eine hohe Reproduzierbarkeit der Organisationsstrukturen. Eine hohe Reduzierbarkeit erzeugt wiederum einen starken Trägheitsdruck, der Veränderungen bremst, die einen Leistungseinbruch erzeugen könnten. Getragen wird dieser systemische Effekt auch durch bestimmte kognitive Verzerrungen ("biases"), die in allen Menschen wirken: Allen voran steht der sogenannte Status-Quo-Bias: eine robuste psychische Neigung, das Bestehende gegenüber dem Neuen zu bevorzugen, die in zahlreichen psychologischen Studien für unterschiedliche Lebenssituationen gezeigt wurde. Zu diesem Bias tragen vermutlich weitere Verzerrungen, wie der Negativitäts-Bias, die Verlustaversion und der Konformitäts-Bias bei. Der Negativitäts-Bias bewirkt, dass wir in den unsere Aufmerksamkeit eher auf die negativen als auf die positiven Aspekte einer Situation richten. In einer Transformation fokussieren wir uns z.B. eher auf die die Angst, Fehler zu machen als auf neue Entwicklungschancen oder Freiheiten. Die Verlustaversion führt dazu, dass wir Verluste emotional höher gewichten als Gewinne. Das heißt, dass wir in einer Transformation viel mehr hinzugewinnen müssen, um den Verlust von Sicherheit, Status oder Position zu kompensieren. Schließlich führt der Konformitäts-Bias dazu, dass wir uns eher so verhalten wie die Menschen um uns herum, anstatt unser Urteilsvermögen zu nutzen. Nörgeln also Kolleg*innen über die Transformation, so werden wir dies wahrscheinlich auch tun.

Kognitive Verzerrungen sind angeborene Shortcuts des menschlichen Denkens, bei denen der reflexive Teil unseres Gehirns den reflektiven Teil übergeht. Evolutionsgeschichtlich war dies wichtig, um in kritischen Situationen schnell Entscheidungen treffen zu können. Heute können diese Verzerrungen zu irrationalen Verhaltensweisen führen, wenn wir sie nicht erkennen und den reflektiven Teil unseres Gehirns nicht anwenden. Der Schlüssel zum Umgang mit diesen Verzerrungen liegt demnach darin, sie explizit bewusst zu machen und Mitarbeitenden wie Führungskräften Strategien an die Hand zu geben (sog. "Debiasing"), irrationale Gedanken und Entscheidungen zu vermeiden. Ein individuelles Debiasing ist eine notwendige Voraussetzung, dass die Organisation im Wandel der Veränderungsträgheit auch kollektiv erfolgreich begegnen kann.

Stolperfalle 2: Gruppenkohäsion

Ein wesentlicher Aspekt bei der Konzeption der agilen Aufbauorganisation war die Erkenntnis, dass der gesamte Entwicklungsverbund vernetzter und anpassungsfähiger werden musste, um den Herausforderungen der Zukunft gerecht zu werden. Zwar wurden auch die gewachsenen hierarchischen Strukturen kontinuierlich in diese Richtung weiterentwickelt, beispielsweise durch den Aufbau übergreifender agiler Plattform-Teams. Jedoch neigte die Organisation im Zweifel zur Optimierung der Arbeitsflüsse entlang der (Haupt)Abteilungsstrukturen und nicht entlang der Ablaufstrukturen, wodurch sich „Silo-Kulturen" ausprägten, die einer Vernetzung entgegenwirkten. Mit der neuen Organisationsstruktur und dem agilen Rollen- und Zusammenarbeitsmodell sollte vernetztes Denken und Arbeiten quasi in der DNA der Organisation verankert und Silo-Bildung jeglicher Art von vorneherein vermieden werden (vgl. nochmals Abbildung 3).

In der Praxis zeigte sich allerdings, dass anstelle alter Silos sehr schnell neue siloartige Strukturen entstanden, die sich nur mit viel Kommunikations- und Koordinationsaufwand durchlässig halten ließen. Diese neuen „Silos" prägten sich einerseits entlang der Führungsrollen aus, da sich das R&D Management, Architektinnen und Architekten und das Agile Management in ihrer Rollenfindung stark auf die Arbeit in ihrer Rollengruppe fokussierten. Andererseits schafften die Gestaltungsprinzipien der Entwicklungsorganisation mit den drei Architektur-Schalen nicht nur Fokus in der Zusammenarbeit, sondern auch neue „Silos" entlang dieser Schalen, wenn sich beispielsweise die Agile Manager/innen des Equipment-Clusters in Abgrenzung von denen der anderen Cluster eine Arbeitsidentität schufen. Obwohl die Organisation aktiv dagegen arbeitet, diese Silo-Bildungen zu vertiefen, konnte man mitunter den Eindruck gewinnen, man bewege sich raus aus den Silos – nur um wieder in neuen zu landen.

Warum sind Silos eigentlich so behaglich?

Die Antwort auf diese Frage ist relativ einfach: Menschen sind soziale Wesen und wollen Teil einer Gruppe sein. Evolutionsgeschichtlich war es sogar überlebenswichtig, Teil einer Gruppe zu sein. Die Suche nach Zugehörigkeit ist daher ein Default-Modus des Gehirns, der uns unbewusst dazu bringt, unsere Mitmenschen kontinuierlich darauf zu scannen, ob sie zur gleichen Gruppe gehören wie wir. Das Problem ist dabei, dass jeder noch so oberflächliche Hinweis dazu führt, dass wir ein Gruppenzugehörigkeitsgefühl entwickeln. Frühe sozialpsychologische Studien[3] in den 50er-Jahren haben bereits gezeigt, dass die zufällige Zuteilung von roten und blauen T-Shirts an die Mitglieder einer Gruppe von Testpersonen dazu führt, dass die Mitglieder der eigenen Gruppe ("Rothemden") gegenüber den Mitgliedern der anderen Gruppe ("Blauhemden") aufgewertet wurden. So wurden beispielsweise die Kompetenz und die Attraktivität der Rothemden höher bewertet. Ähnliche Effekte wurden bei anderen banalen Kategorisierungen wie der Zuweisung zu zwei Versuchsräumen oder der Aufteilung nach Augenfarbe beobachtet. Diese angeborene Neigung zur Begünstigung von Mitgliedern der eigenen Gruppe bezeichnet man als Ingroup-Bias: selbst minimale Hinweise auf eine gemeinsame Gruppenzugehörigkeit führen zu sozialer Kohäsion, zu einem Zusammengehörigkeitsgefühl bei gleichzeitiger Abwertung anderer Gruppen. Evolutionär war dies sicher sinnvoll, in einer arbeitsteiligen Organisation wird dieser Bias schnell zum Hindernis, da automatisch das Kleingruppendenken einsetzt: "Wir agilen Coaches geben uns solche Mühe, aber die Entwickler verstehen einfach nicht...", "Wenn die Architekten nur daran denken würden, dass...". Man könnte auch sagen, dass durch einfache Kategorisierungen automatisch "dumme" Gruppen und damit neue Silos entstehen.

Entgegenwirken kann man diesem Effekt, indem man ihn offen benennt und ihn damit aus dem Unbewussten ins Bewusste verschiebt. Zusätzlich kann es helfen, Interdependenzen zwischen unterschiedlichen Rollen zu schaffen. "Intelligente" Gruppen entstehen dann durch die Zusammenarbeit im Alltag über einen längeren Zeitraum hinweg. Dabei ist ein wenig Geduld gefragt: Studien zeigen, dass die Performance von (klassischen!) Projektteams erst nach einer Zeit von etwa 18 Monaten ihren Höhepunkt erreicht. Es ist vorstellbar, dass agile Teams mit guten Coaches und hoher psychologischer Sicherheit schneller zu einer hohen Performance kommen. Hier fehlen allerdings noch empirische Daten.

Stolperfalle 3: Motivation

„Weg vom Reißbrett und rein in den Maschinenraum" war das Motto, als sich die agile Organisation nach einer intensiven Vorbereitungsphase endlich im operativen Alltag bewähren konnte. Aufbauend auf dem Zusammenarbeitsmodell galt es nun, aus der Perspektive der Teams die Ablaufstrukturen auf das neue Rollenverständnis auszurichten. Hier können agile Denk- und Arbeitsweisen besonders gut zur Entfaltung kommen. Teams machen mit der Bildsprache der neuen Kernrollen bestehende Abläufe transparent und erörtern mit allen Beteiligten, wie sich diese verbessern lassen. So entwickeln sich Team-, Skalierungs- und Koordinationsstrukturen weiter oder werden neu eingeführt. Verstanden als fortwährender Kreislauf aus „sehen", „verstehen" und „verbessern" – siehe z.B. Metriken im Kontext von Teamentwicklung[4] – wird so ein gemeinsames Verständnis des rahmengebenden Rollenmodells geschaffen und kontinuierlich weiterentwickelt. Dieser Prozess findet sowohl „top-down" als auch „bottom-up" statt, wodurch abweichende Vorstellungen zu Abläufen oder zum Rollenverständnis zutage gefördert und miteinander abgeglichen werden können.

Wie schon in Abschnitt 0 erwähnt, war die Erwartung an die Transition nicht, dass sich alle Hindernisse sofort in der ersten Iteration würden beheben lassen. Agilität ist kein Selbstzweck, der auf Knopfdruck erreicht ist, sondern vielmehr ein Fortbewegungsmittel durch steten Wandel. Die Begeisterung vieler Agile Master/innen und Agile Manager/innen darüber, sich dieses Fortbewegungsmittels wie im obigen Absatz beschrieben nun endlich vollumfänglich bedienen und damit Strukturen gestalten zu können, ließ sich jedoch nicht immer auf die Teams übertragen. Oftmals standen diese der Visualisierung der Abläufe mit „Pöppelbildern" gleichgültig bis ablehnend gegenüber.

Warum tun wir uns manchmal so schwer, Menschen mit unserer „agilen Begeisterung" anzustecken?

Auf der einen Seite Begeisterung für ein Thema, auf der anderen Seite Ablehnung desselben? Mit der Motivation ist das so eine Sache: Unterschiedliche Menschen werden durch unterschiedliche Dinge motiviert. Dementsprechend muss jede Organisation einen Umgang mit der Heterogenität individueller Motivationen finden. Dabei ist es wichtig zu verstehen, dass unsere Motivation in erster Linie mit dem Grad der Erfüllung unserer Bedürfnisse zusammenhängt. Bereits vor mehr als 70 Jahren hat der US-amerikanische Psychologe Abraham Maslow die sogenannte Bedürfnispyramide entwickelt, mit der er eine Hierarchie menschlicher Bedürfnisse postuliert.

Abbildung 4: Bedürfnispyramide nach Abraham Maslow[5]

Was uns motiviert, ist Maslow zufolge eng mit dem Grad der Erfüllung unserer Bedürfnisse verbunden. Beim Blick auf die Bedürfnispyramide fällt es nicht schwer nachzuvollziehen, dass hungerleidende Personen kaum durch die Aussicht auf einen schillernden Jobtitel motiviert werden. Auch wenn mittlerweile modernere und komplexere Modelle menschlicher Motivation existieren, liefert die Bedürfnispyramide eine gute Erklärung, warum sich in Transformationsprozessen nicht alle Mitglieder der Organisation gleichermaßen von der agilen Begeisterung anstecken lassen. Ein agiler Coach/Master, der den gesamten Rahmen der Transformation mitkonstruieren darf, ist offensichtlich schon in der Spitze der Pyramide angekommen und kann seine Bedürfnisse nach Anerkennung und Selbstverwirklichung "on the job" befriedigen. Für viele Menschen in der Organisation bringt eine Transformation jedoch Unsicherheit mit sich. So sind Sicherheitsbedürfnisse u.U. nicht mehr erfüllt: Werden meine Kompetenzen noch benötigt? Werden im Prozess Stellen abgebaut? Auch die sozialen Bedürfnisse werden berührt: Zu welchem Team werde ich nach der Umstellung auf eine Produktorganisation gehören? Wer werden meine Kolleg*innen sein? Auch die Frage nach Anerkennung stellt sich, wenn ein jahrelang erarbeiteter Status oder eine klassische Führungsposition plötzlich der neuen Struktur zum Opfer fällt. Folgt man Maslows Idee, so kann die agile Begeisterung der Coaches, die mit deren Selbstverwirklichung in Verbindung steht, schlicht keine gute Motivation für diejenigen Mitglieder der Organisation darstellen, deren basalere Bedürfnisse der Ebenen 2- 4 nicht erfüllt sind.

Es gibt keine einfache Lösung für das Motivationsproblem. Ein im kommunikativen Austausch gewonnenes Verständnis für die Bedürfnisse unterschiedlicher Personengruppen im Transformationsprozess ist jedoch ein guter Ausgangspunkt. Wichtiger als die Begeisterung der Agile Master/innen und Agile Manager/innen ist hier also deren Empathie! Gelingt es den Personen in gestaltenden Funktionen darüber hinaus, dieses Verständnis in die Gestaltung der Transformation einzubringen, besteht eine gute Chance, die kollektive Motivation zu steigern. Es muss schließlich nicht jede*r Einzelne von der Agilität an sich begeistert sein. Es reicht schon aus, wenn eine Motivation für die individuellen Entwicklungspotenziale im Transformationsprozess entsteht.

Stolperfalle 4: Kognitive (Über-)Last

„Transparency, Inspection, Adaptation" – von diesen drei Säulen agiler Herangehensweisen hatte in der Transformation vor allem die erstgenannte einen entscheidenden Effekt: Es wurde auf allen Ebenen und mit oftmals nicht gekannter Konsequenz Transparenz hergestellt. Dadurch traten nicht nur unmittelbar mit der Transition zusammenhängende Probleme schonungslos in den Vordergrund, sondern auch solche, die altbekannt sind oder vielleicht unbeachtet schon länger schwelten. Daher sah die Organisation sich schnell mit einem Schatz an Problemfeldern konfrontiert, viele davon dringlich und möglichst direkt anzugehen. In Kombination mit der Erwartungshaltung, das bestehende operative Tagesgeschäft weiterhin am Laufen zu halten und sich auf neue Rollen und Abläufe einzustellen, führte dieser Veränderungsdruck zu einem Gefühl der latenten Überforderung, da zu viele Bälle gleichzeitig in die Luft geworfen worden waren.

Ist das nicht alles ein bisschen viel?

Das menschliche Gehirn kann man mit der CPU eines Computers vergleichen. Mit zunehmender Menge an zu verarbeitenden Informationen steigt die Auslastung, die sogenannte kognitive Last. Liegt diese bei 100% können keine weiteren Informationen mehr verarbeitet werden. Will man eine gute Performance erreichen ist es sogar besser, deutlich unter den 100% zu bleiben. In Transformationsprozessen steigt die kognitive Last automatisch: neue, teilweise sehr komplexe Informationen müssen kontinuierlich verarbeitet und erinnert werden. Ein Blick auf das Rollenmodell, das Architekturmodell und die Business Centers (siehe **Fehler! Verweisquelle konnte nicht gefunden werden.**) zeigt schnell, dass die neue Produktorganisation deutlich komplexer ist als die hierarchisch strukturierte Linienorganisation, in der sich die meisten Menschen jahrelang bewegt haben.

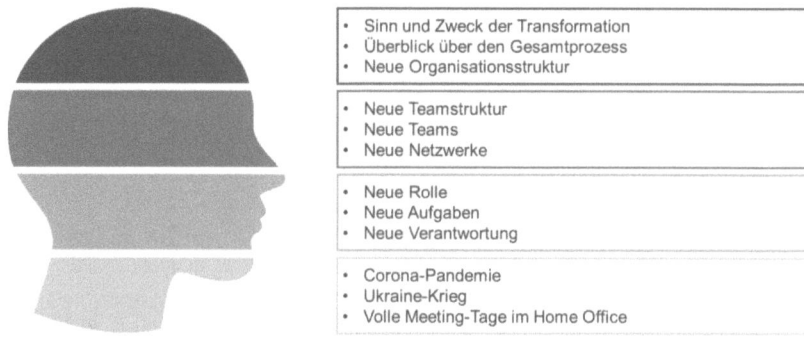

Abbildung 5: Vereinfachte Darstellung von Faktoren, die zur kognitiven (Über-)Last beitragen.

Abbildung 5 zeigt schematisch, welche Faktoren in einem Transformationsprozess die kognitive Last erhöhen. Auch die Grundlast ist derzeit hoch: die Corona-Pandemie, der Krieg gegen die Ukraine und seine Folgen sorgen bei den meisten Menschen für eine zusätzliche Belastungen. Studien zeigen auch, dass virtuelle Meetings die kognitive Last deutlich stärker erhöhen als Meetings vor Ort oder Telefonate. Zu dieser Grundlast gesellt sich dann das Erlernen der neuen Rolle und der neuen Aufgaben, die Auseinandersetzung mit neuen Teamstrukturen und sozialen Netzwerken und das erforderliche Verständnis von Sinn, Zweck und Stoßrichtung des gesamten Transformationsprozesses. Salopp gesagt: der Kopf ist voll.

Um die Mitarbeitenden zu entlasten, ist ein angemessenes Transformationstempo von zentraler Bedeutung. Veränderungen müssen hinreichend erklärt werden, die Mitarbeitenden müssen genügend Zeit für das Erlernen neuer Rollen und die Teamentwicklung bekommen. Damit es nicht von einer Aus- zu einer Überlastung kommt, sind regelmäßige Pausen und eine sinnvoll gestaltete hybride Arbeitswelt unabdingbar. Wer den ganzen Tag in Zoom-Calls hängt, hat kaum Kapazität für die individuelle und fachliche Weiterentwicklung im Transformationsprozess.

Fazit

Analog zu Medikamenten können auch bei „agilen" Veränderungsimpulsen und -initiativen unbeabsichtigte Nebenwirkungen auftreten. Entlang der agilen Transition, die der globale Entwicklungsverbund von TRUMPF Werkzeugmaschinen mit über 1.000 Menschen gerade durchläuft, wurden vier wesentliche Stolpersteine herausgearbeitet und aus psychologischer Sicht beleuchtet:

- Veränderungsträgheit: Die Anforderungen an die Leistungsfähigkeit von Organisationen erzeugen einen Trägheitsdruck, der Veränderungen erschwert. Die Offenlegung individueller Biases, die Veränderungsträgheit begünstigen, ist eine wesentliche Grundlage zur Überwindung der kollektiven Trägheit.
- Gruppenkohäsion: Gruppen leben von ihrer Abgrenzung zueinander. Dass Gruppen zu Teams werden, die miteinander interagieren, erfordert Zeit und eine Transparenz über die psychologischen Abgrenzungsprozesse.
- Motivation: Motivation ist nicht einfach zwischen Gruppen übertragbar, sondern hängt mit dem Grad der Erfüllung individueller Bedürfnisse zusammen. Hilfreicher als Motivationsreden ist in der Transformation der empathische Umgang mit unterschiedlichen Bedürfnissen
- Kognitive Last: In turbulenten Zeiten sind unsere Köpfe voll. Kommt dann noch eine komplexe Transformation hinzu, sind sie schnell zu voll. Ein angemessenes Transformationstempo, Ruhepausen und ein effizient gestaltetes hybrides Arbeitsmodell tragen zur Reduzierung der kognitiven Last bei.

Was kann man daraus für die Praxis lernen?

Bei der Arbeit mit sozialen Systemen lassen sich psychologische Aspekte nicht ausblenden. Diesem Umstand tragen sämtliche Veränderungsansätze auch implizit oder explizit Rechnung. Im agilen Manifest ist das direkt im ersten von vier Werten verankert[6]:

„Individuals and interactions over processes and tools"

Darüber hinaus kann das vertiefende Hinzuziehen wissenschaftlicher Erkenntnisse aus der Sozial- und Organisationspsychologie Organisationsentwickler/innen neue Perspektiven darauf eröffnen, welche Muster den beobachteten Reaktionen in

Veränderungsprozessen zugrunde liegen könnten. Es geht dabei nicht um ein "Herumpsychologisieren" am Individuum, sondern um ein besseres Verständnis darüber, wie individuelle und kollektive Prozesse im Transformationsprozess zusammenspielen. Gegebenenfalls lassen sich neue Einsichten und Hypothesen ableiten, deren Gültigkeit sich mit neuen Veränderungsimpulsen überprüfen lässt. Mehr Wissen über das System, an und in dem gearbeitet wird, kann so zum einen dazu führen, die Entscheidungsqualität zu steigern und Veränderungen wirksamer umzusetzen. Zum anderen kann es auch dabei helfen, das bereits Erreichte im Transformationsprozess und die eigenen Erwartungen an die weitere Entwicklung besser einzuordnen. Der fallgebende Autor kann beides bezogen auf die hier vorgestellten Stolpersteine jedenfalls bestätigen, da sich für ihn allein aus der Erarbeitung und dem gemeinsamen Dialog viele wertvolle Impulse für die Weiterentwicklung der Organisation gewinnen ließen.

Dr. Heiko Schröder gestaltet seit 2018 bei TRUMPF Strukturen und Abläufe basierend auf agilen Werten und Prinzipien, entwickelt diese ständig weiter und begleitet Menschen mit Leidenschaft durch den Wandel ihres Umfelds. Aktuell trägt er als Agile Manager des Clusters Equipment dazu bei, die agile Transformation des gesamten Entwicklungsbereichs bei TRUMPF Werkzeugmaschinen erfolgreich umzusetzen. Bei Veränderungsprozessen stellt er stets die Menschen in den Mittelpunkt. Dabei ist sein Handeln von der Überzeugung geprägt, dass Agilität im eigenen Kopf beginnen sollte.

Heiko ist promovierter Physiker und sammelte vor seiner Zeit bei TRUMPF umfangreiche Führungserfahrung in verschiedenen Bereichen eines internationalen Luft- und Raumfahrtkonzerns. Neben Agilität, Führungskultur und Change Management zählt auch Strategie-Entwicklung zu seinen beruflichen Interessenschwerpunkten. In seiner Freizeit ist er viel draußen, treibt Sport und genießt das gesellige Miteinander im Familien- und Freundeskreis gern bei einem ausgefallenen Bier.

Dr. Ulrich Pfeiffer verantwortet bei der ADVIA GmbH den Beratungsbereich Agile Transformation & New Work. Gemeinsam mit seinem Team begleitet er Unternehmen auf ihrem Weg in die digitale Zukunft und in neue Arbeitswelten. Ob es um Strategieentwicklung, Organisationsdesign oder agiles Coaching geht – für Ulrich steht die Unternehmenskultur als Schlüsselfaktor für den Erfolg im Mittelpunkt. Im Gegensatz zu Heiko ist er davon überzeugt, dass Agilität im Kopf endet – zumindest, wenn motivations- und organisationspsychologische Faktoren nicht berücksichtigt werden.

Ulrich hat als promovierter Psychologe zur Entscheidungsfindung in der Mensch- Maschine-Interaktion geforscht. Nach seiner Promotion hatte er verschiedene Führungspositionen an der Schnittstelle von Strategie, Digitalisierung und Organisationsentwicklung inne. Was ihn schon immer fasziniert hat, ist das Suchen und Entwickeln von Mustern im organisationalen Chaos. In seiner Freizeit ist er viel draußen, treibt Sport und genießt das gesellige Miteinander im Familien- und Freundeskreis gern bei einem ehrlichen Pils.

---

[1] Schröder, H., Kerres, S., & Schneider, T. (2021). Agilität weiter denken mit dem BAPO-Ansatz – ganzheitlich und standortübergreifend. In J. Pilster, K. Bauer, & C. Brosig, in_between Konferenzband 2021.

[2] Bosch, J. (2017). The End of Reorgs. Von https://janbosch.com/blog/index.php/2017/10/26/the-end-of-reorgs/ abgerufen

[3] Brown, R. (2020). The origins of the minimal group paradigm. History of Psychology, S. 23(4), 371-382.

[4] Pilster, J., Bauer, K., Brosig, C., Eggert, L., & Neufer, J. (2022). Metriken im Kontext von Teamentwicklung.

[5] MacLeod, S. (2007). Maslow's Hierarchy of Needs. Simply Psychology.

[6] Beck, K., Beedle, M., van Bennekum, A., Cockburn, A., Cunningham, W., Fowler, M., . . . Thomas, D. (2001). Agiles Manifest. Von Agiles Manifest: https://agilemanifesto.org/iso/de/manifesto.html abgerufen

Björn Schotte

REMOTE UND ASYNCHRONE ZUSAMMENARBEIT & FÜHRUNG: DIE BESTEN TIPPS & TRICKS

Mit Beginn der Pandemie waren wir alle gezwungen, remote und von zu Hause aus zu arbeiten. Zweieinhalb Jahre später scheint dies für viele auch gut zu funktionieren. Doch es beginnen sich erste Risse breitzumachen: Ein Teil der Crew arbeitet teilweise vom Office aus und teilweise mobil. Dies führt zu Schwierigkeiten im Umgang miteinander – wie integrieren wir remote worker, wenn wir physisch im Konferenzraum sind? Und während das Management die ganze Zeit auf das „task filling", also das Erfüllen von Arbeitsaufgaben, geschaut hat, dämmert es erst jetzt einigen: Was ist mit der Innovationskraft, die für uns als gesamte Organisation wichtiger denn je geworden ist? Wie kann ich den Blick außerhalb meines Teams bewahren, wenn die remote Situation mich noch näher ans Team herangebracht hat (proximity bias)?

Eins ist klar: Remote-Arbeit ist gekommen, um zu bleiben. In diesem Artikel, der meinen Vortrag geleitet, möchte ich die wichtigsten Aspekte aufgreifen, um remote und hybride Zusammen-Arbeit und Führung besser leben zu können.

Vorurteile und Problemstellungen: Remote gut zusammen Arbeiten geht gar nicht!

In vielen Organisationen gab und gibt es das (Vor-)Urteil: Remote zusammen Arbeiten geht gar nicht!

Während die Unternehmen zwangsweise lernen mussten, eine passende Video- und Audio-Infrastruktur zur Verfügung zu stellen, hatte die Zusammen-Arbeit in den Teams, Team-übergreifend und in der Organisation oft noch Nachholbedarf.

Es ist eben nicht mehr so einfach, mal schnell über den Schreibtisch hinweg den Kollegen etwas zu fragen, oder mit der Kaffeetasse in die Nachbar-Abteilung zu laufen und dort mit Kollegen zu sprechen.

Auch die sogenannten „Watercooler-Momente" blieben aus.

Das, was also vorher implizit geschah, musste nun explizit werden: Persönliche Kaffeetermine werden nun ausgemacht. Entwickler-Teams bleiben teilweise sogar den ganzen Tag in einer gemeinsamen Videokonferenz verbunden oder treffen sich zum Pairing und Mob Programming in entsprechenden Video-Terminen.

Für die "Zwischentöne" und den Smalltalk musste neu gelernt werden: Chat-Systeme haben Einzug gehalten, Emotionen werden per Emojis transportiert (und oft genug missverstanden).

Doch reicht dies aus? Was ist mit den persönlichen Momenten und Erlebnissen in den Teams? Und schwindet nicht auch die Bindung zum Arbeitgeber, wenn man nur noch virtuell mit dem Unternehmen verbunden ist und remote als "Task filler" unterwegs ist?

Lasst uns im Folgenden schauen, was hier verbessert werden kann.

(Hybride) Meetings gut gestalten

In der neuen Welt müssen insbesondere hybride Meetings gut gestaltet werden. Das betrifft bereits die Vorbereitungen: Eine gut strukturierte Vorab-Agenda sorgt für Klarheit; ebenfalls welcher Teilnehmer was vorzubereiten hat, damit das Meeting gut abläuft.

Falls auch nur ein Teilnehmer des Meetings remote dazu geschaltet wird, sollten alle auf "remote first" wechseln. Das bedeutet, dass jeder auf seinem Laptop mit Headset und Kamera arbeitet, selbst wenn eine Gruppe im Konferenzraum sitzt. Die Gefahr ist sonst groß, dass es Sub-Gespräche bei der Gruppe im Raum gibt und die remote zugeschalteten Teilnehmer von Gesprächen abgeschnitten werden.

Da Videokonferenzen für uns alle anstrengender geworden sind, hilft es, Rollen in einem Meeting auf mehrere Schultern zu verteilen. Empfehlenswert ist hier zum Beispiel ein Rotations-Mechanismus für die Moderation. Anstatt einen Protokollanten zu bestimmen, kann nun einfach ein Screenshare der Wiki-Seite mit dem Protokoll gemacht werden, und jeder hilft beim Protokollieren. So wird gewährleistet, dass die Protokollarbeit verteilt wird und die Teilnehmer gleich sehen, ob die Diskussionspunkte auch von allen gut verstanden worden sind.

Ob Kameras an- oder ausgeschaltet sind, ist eine Kulturfrage im Unternehmen. Empfehlenswert ist, die Kameras angeschaltet zu lassen, um Reaktionen gut wahrnehmen zu können. Auch kann es eine Form von Working Agreement sein, dass es in Ordnung ist, wenn man während des Meetings andere Aufgaben wahrnimmt oder das Meeting frühzeitig verlässt - getreu dem Open Space Motto, dass man keinen direkten Wert zum Meeting beitragen kann.

Wichtig ist hierbei jedoch das Explizieren und Vereinbaren im Rahmen eines Working Agreements. So werden Missverständnisse umgangen und es wird Frust und Enttäuschung vermieden, weil ein Teilnehmer frühzeitig das Meeting verlässt.

Daneben ist es hilfreich, optionale Teilnehmer als optional in der Einladung zu markieren. Hier hilft wieder der Explizit-Gedanke: Durch Explizieren den Raum für Klarheit zu schaffen und für ein erfolgreiches Meeting und Outcome zu sorgen.

Man muss dabei nicht so weit gehen wie die Firma Gitlab Inc., die alle ihre Meetings aufzeichnet und auf YouTube zur Verfügung stellt. Dennoch kann es eine gute Inspiration sein, die eigene Meeting-Kultur zu verbessern. Du findest den Kanal bei einer Suche auf YouTube nach "Gitlab Unfiltered".

Schreiben will gelernt sein

Wenn in der remote / hybriden Welt nun mehr verschriftlicht wird, dann will auch dies gelernt sein.

Gedanken müssen also nun klarer strukturiert werden. Schachtelsätze sind vermutlich nicht immer optimal. Achte auf kurze Sätze. Diese sollten klar und verständlich sein, so dass klarer wird, was Du eigentlich meinst. Arbeite mit Auszeichnungen wie bold, italic, underline. Nutze List-Items, wenn Du mehrere Punkte klarmachen möchtest.

Viele Chat-Systeme bieten als Einstellung an, dass das Drücken der Return-Taste die Nachricht nicht sofort abschickt, sondern Ctrl/Cmd+Return gedrückt werden muss. Dies hat sich als handlich erwiesen, um Gedanken noch mal etwas reifen zu lassen. Gerade bei etwas intensiveren Diskussionen im Chat lohnt sich dies. Auch eine "Send Later" Funktion hat sich in vielen Chat-Systemen bewährt, um die Nachricht nicht heute, sondern zum Beispiel erst morgen früh abzuschicken.

Sollten Konflikte oder Meinungsverschiedenheiten im Schriftlichen auftauchen, so lohnt es sich auf ein höherwertiges Medium zu wechseln. Dies kann das Telefon sein, aber auch eine schnell eingerichtete Videokonferenz, um Missverständnisse zu klären.

Nutze all diese Funktionen, die Dir die Tool-Landschaft heute bietet. Sie wird Dir helfen, Deine Gedanken

- besser zu strukturieren
- Dich klarer und kürzer zu fassen
- Missverständnisse zu vermeiden

So gelingt eine bessere Zusammenarbeit zwischen Dir und Deinen Kollegen.

Implizites wird explizit

In der remote/hybriden Welt wird Implizites nun explizit. Was bedeutet das? Nun, wir können nicht in das Gehirn unseres Gegenübers schauen. Wir wissen nicht, was er in einer Situation denkt. In einer Videokonferenz können wir das im besten Fall besser einschätzen, und oftmals nur erahnen. Gerade wenn wir mit Kollegen zu tun haben, die wir nicht jahrelang (also vor der Pandemie, persönlich) bereits kennen, bleibt Raum für Missverständnisse.

Daher muss jeder von uns viel mehr in die Explizierung von Gedanken, Emotionen investieren: Das, was wir denken, muss stärker heraus, entweder direkt in der Videokonferenz oder schriftlich im Chat. Emotionen müssen expliziert werden – als Emoji im Chat oder explizit angesprochen in der Videokonferenz.

Wir müssen uns viel mehr Gedanken darüber machen, wie wir gesagtes besser festhalten können. Kurze Stichpunkte auf den virtuellen Whiteboards reichen möglicherweise nicht mehr aus – es sollte Zeit investiert werden, auch im Nachgang die wichtigsten Dinge, die zu einem Post-it gesagt worden sind, auch explizit festzuhalten. So wird der Raum für Fehlinterpretationen kleiner.

Daneben benötigt Ihr Feedback-Schleifen auf der Meta- und Prozess-Ebene: Schaut nicht nur auf den Outcome der Ergebnisse, sondern auch wie diese zustande gekommen sind. Für solche gezielten Feedback-Schleifen braucht es jetzt mehr Raum und Zeit.

Und für Manager gilt mehr denn je: Lead with context not control. Macht den Kontext, die Ziele, das was erreicht werden soll, viel stärker explizit. Bietet Raum für Q&A, sodass besser verstanden werden kann, was die Ziele sind. Und schreibt diese Themen explizit auch auf, sodass sie im Nachgang auch noch für jeden sicht- und nachvollziehbar sind.

Rituale in Remote anbieten / erweitern

In der remote / hybriden Welt ist es wichtig, einen Zusammenhalt im Unternehmen explizit zu fördern und zu stärken.

Das kann auf vielfältige Weise geschehen. Hier sind ein paar Ideen, was Du tun kannst.

Daily um Social Talks / Icebreaker erweitern: 5 Minuten zu Beginn des Dailys für Social Talk verwenden, bewusst den Raum lassen, um ins Gespräch zu kommen. Daily-Termin also ingesamt erweitern.

Privates darf in der Videokonferenz erlebt werden: Anstatt virtuellen Hintergründen kann es im Rahmen des Working Agreements völlig okay sein, wenn zum Beispiel Kinder im Hintergrund herumspringen oder man eben mal mit Headset aufsteht, um sich einen Kaffee zu machen. Dadurch wird das Private für uns erlebbarer und die menschliche Seite kommt mit zum Vorschein.

stayHappy-Calls, Friday-Beer-Talk, Good-Morning-Breakfasts: Diverse kurze Meetings, die im Firmenkalender stehen, freiwillig je nach Energie / Laune / Zeit besucht werden können, fördern den teamübergreifenden Zusammenhalt in der Firma. Bestimmte Rituale eignen sich auch gut, um wichtige Firmen-Themen zu verbreiten. Achtet bei diesen Ritualen auch darauf, den Kanal noch etwas offenzulassen, damit sich danach noch ein paar Teilnehmer für zwanglosen Austausch finden.

Virtual Offices: Wer Plattformen wie gather.town nutzt, kann sich das Office in den virtuellen Raum holen. Als kleiner, meist 2-dimensionaler Avatar kann man eine selbst designte Büro-Landschaft erkunden und beim spontanen Aufeinandertreffen mit anderen Kollegen öffnet sich automatisch eine Videokonferenz. Manch eine all-remote Firma nutzt solche Plattformen, um den Austausch miteinander abseits des Chats zu ermöglichen.

Remote braucht mehr Fähigkeit in Eigenorganisation

Die Arbeit in der remote und hybriden Welt benötigt mehr Fähigkeiten in der Eigenorganisation.

Die Flexibilität, die der remote Tagesablauf nun bietet, kann durchaus anstrengend sein. Dies zu verinnerlichen und einen positiven Outcome zu generieren, benötigt unter Umständen eine gewisse Eingewöhnungszeit.

Dabei helfen Fähigkeiten, die über Methoden und Praktiken wie Getting Things Done, Pomodoro Zeittechnik und andere erlernt werden. Gemeinsame virtuelle Kanban-Boards im Team haben sich jetzt auch in Business-Teams etabliert und machen sichtbar, wer woran gerade arbeitet. Und sorgen dafür, dass nichts hinten runterfällt.

Nehmt Euch explizit Zeit dafür, Eure gemeinsamen und die eigenen Rituale transparent zu machen und darüber zu reflektieren. Wo benötigt es Vereinbarungen im Team? An welchen Stellen hilft es, wenn Du Vereinbarungen mit Dir selbst triffst? Auch private Routinen wie zum Beispiel die Sport-Einheit sollten Platz in Deinem Kalender finden. So wissen Kollegen, dass Du nicht erreichbar bist, und achtest auch gleich noch auf Deine privaten Bedürfnisse.

Damit über die eigenen und gemeinsamen Arbeitsweisen gut miteinander gesprochen werden kann, benötigt es Vertrauen in Deinem Team. Ein Agile Coach oder Scrum Master kann Euch beim Aufbau von Vertrauen unterstützen.

Geht es um kleinere Abwesenheiten, hat es sich auch etabliert, kurz im Chat Bescheid zu geben. „afk", „away from keyboard" sind typische Abkürzungen, die Einzug gehalten haben.

Sich persönlich treffen: Wann, Wozu und welche Chancen stecken darin?

Abschließend stellt sich die Frage, ob denn persönliche Treffen noch Sinn ergeben. Dies kann mit einem ganz klaren „Ja, aber" beantwortet werden.

Vermutlich hat die frühere 9to5-5days-a-week Arbeit im Büro ausgedient. Stattdessen wird zukünftig auf mehr Flexibilität gesetzt. Es braucht den Ausgleich zwischen den eigenen, privaten Bedürfnissen, denen der Firma und der Kunden, für die wir tätig sind.

Regelmäßige Team-Tage mit dem eigenen Team stärken das Beziehungsgeflecht im Team und damit die Zusammenarbeit mit den Kollegen.

Firmen-Barcamps, Standort-Events oder „quarterly allhands" sorgen dafür, dass man sich auch regelmäßig teamübergreifend sehen kann.

Die Nutzung eines Büros bleibt auch weiterhin wichtig: Für innovative Gesprächs- und Ergebnis-Kultur auch abseits des eigenen Teams, das persönliche Erleben der Kollegen, Workshops oder die gemeinsame Diskussion bei schwierigen und komplexen Themenfeldern.

Unternehmen, die Flexibilität bieten, Verantwortung in die Hände der Teams legen und entsprechende teamübergreifende Angebote machen, werden damit zu den Gewinnern der zukünftigen Arbeitswelt gehören.

Macht was draus!

Björn Schotte ist Geschäftsführer der MAYFLOWER GmbH. Er berät Kunden in Fragen der Digitalen und Agilen Transformation. Die mehr als 100-köpfige Crew der MAYFLOWER realisiert moderne, zukunftsweisende Software-Lösungen in agilen Teams. Mit Erstaunen und forschender Neugier ist er seit 2005 auf lebenslanger agiler Reise unterwegs. Er ist auf Xing (https://www.xing.com/profile/Bjoern_Schotte), LinkedIn (https://www.linkedin.com/in/bjoernschotte/), twitter (https://twitter.com/BjoernSchotte) und Slideshare (https://de.slideshare.net/BjoernSchotte) zu finden.

Cordelia Hagi / Michel Knecht

SPIELERISCH ZUM ERFOLG IM BUSINESS

Playful Business gilt als «Führungsstil der Zukunft» und wird daher mit New Work gleichgesetzt. Die Arbeitsweise schafft es, verschiedene Herausforderungen in Unternehmen spielerisch zu lösen, ohne dabei den Fokus auf die Arbeit zu verlieren. Dazu gehören Themen wie das Lösen komplexer Probleme und Aufgaben, das Fördern der Teambildung, den Abbau von Hierarchien und das Ausblenden von Konkurrenzkämpfen.

> Der wichtigste Rohstoff unserer Gesellschaft sind lösungsfähige, glückliche, lächelnde und gesunde Menschen. Um diesen Rohstoff im 21. Jahrhundert zu sichern, braucht es Playful Business.

Beispiel «Spielerische Vorstellungsrunde»

Wenn man sich vorstellen muss, erzählt jeder ungefähr das Gleiche: «Ich arbeite seit ... Jahren bei ...», «Ich habe mein Studium als ... abgeschlossen», «Meine Hobbies sind ...» etc. Gestaltet man eine Vorstellungsrunde jedoch spielerisch, erzählen die Menschen ganz andere, private und emotionale, Fakten über sich. Sie verbinden beispielsweise mit einem Comicbuch von Asterix und Obelix einen gemeinsamen Ausflug als Kind mit den Großeltern oder eine Wundertüte mit dem ersten Konzert, das sie als Jugendliche besucht haben. Spielerische Tools wecken Emotionen aus der Kindheit und bringen uns dazu Dinge zu erzählen, die wir bei einer «normalen» Vorstellungsrunde nie erzählen würden. Man lernt die Menschen auf eine andere Art kennen.

Was ist Playful Business?

Das Prinzip von Playful Business: ernsthafte Arbeit mit dem freudvollen Spiel zu verbinden. Auf diese Weise werden neue Spielräume geschaffen, die wiederum die Unternehmenskultur fördern und im gleichen Zug «Fehler- und Lernkultur» durch «Spielkultur» ersetzen. Um diese Transformation zu erreichen, liegt der Fokus bei Playful Business auf dem Menschen und dessen Meinungsfreiheit. Die vielfältigen Meinungen aller Beteiligten werden im Spiel bewusst und unbewusst abgeholt. So kommt alles ans Licht und nichts bleibt verborgen: Gutes, Schlechtes, Stärken, Schwächen, Ängste, Motivation, Demotivation etc. Durch Playful Business wird ein gemeinsamer Nenner gefunden. Zusätzlich entsteht in Unternehmen eine positive und gesündere Atmosphäre und es wird eine lösungsfähige Unternehmenskultur geschaffen. Spielen, das ist Faszination, Leidenschaft, Begeisterung, natürlicher Trieb und Urinstinkt. Spielende Menschen sind erfolgreicher im Job und insgesamt glücklicher im Leben.

Warum spielen im Business?

Menschen vertreten unterschiedliche Standpunkte («Gärtli/Silo»). Zudem gibt es immer mindestens eine Person, die sich grundsätzlich querstellt. Diese Schwierigkeiten müssen zuerst überwunden und der Teamgeist geweckt werden. Playful Business schafft es, diese Hürden durch Spiel und Spaß sowie durch Lachen im Nu zu überwinden. Playful Business versetzt die Menschen wieder in den Spielmodus – und spielen hält uns gesund.

Die Vorteile des Spiels (Homo ludens):

- Der Mensch entwickelt seine Fähigkeiten vor allem über das Spielen.
- Der Mensch entdeckt im Spiel seine individuellen Eigenschaften.
- Die im Spiel gemachten Erfahrungen prägen die Persönlichkeit.
- Im Spiel kann man Zwänge der äußeren Welt erfahren und gleichzeitig überschreiten.
- Fantasievolles Spielen dient der Darstellung des inneren Erlebens.
- Das gedankliche Spiel (z. B. Märchen) dient einer fantasievollen Sinnfindung.
- Erst dort, wo in Varianten gedacht wird, kann sich der Mensch weiterentwickeln.

Playful Business bringt diese Vorteile in die Geschäftswelt, führt zur optimalen Lösungsfähigkeit, fördert die kognitiven Fähigkeiten und stärkt die psychische Gesundheit (Gehirngesundheit).

Durch spielen in den Flowzustand

Sind Menschen im Flow, vergessen sie in der Arbeit komplett die Zeit, sie sind im Hier und Jetzt. Sie sind eins mit der aktuellen Beschäftigung und haben kein Bedürfnis zum Smartphone zu greifen oder sich anders abzulenken. Im Flow schafft man enorm viel ohne sich gestresst zu fühlen. Man ist so fokussiert, dass kein anderer Gedanke für Ablenkung sorgt. Wenn Menschen im Flow sind, motivieren sie sich selbst (intrinsische Motivation) und müssen nicht ständig kontrolliert und angespornt werden. Zusätzlich erledigen Menschen ihre Arbeit schneller (in kürzerer Zeit). Welches Unternehmen wünscht sich nicht solche Menschen?

Der normale Weg in den Flowzustand ist mühsam und braucht viel Zeit und Vorbereitung. Man muss sich ein klares und konkretes Ziel setzen, sich eine Herausforderung schaffen, für die man sich ein wenig «strecken» muss, alle möglichen Ablenkungen um einen herum gezielt ausschalten und sich einen Zwang zur Konzentration schaffen. Playful Business ist die Abkürzung in den Flow. Diese Abkürzung nehmen Menschen, indem sie spielerische Tools und Methoden anwenden, die das lösungsorientierte kreative Denken aktivieren. Durch das Spielen können Menschen positive Gedanken aus der Kindheit wieder spüren und sich in die Zeit zurückversetzen, wo alles möglich war (grüne Spielwiese). Man bewegt sich automatisch weg vom Thema (Perspektivenwechsel) und kommt so auf neue Ideen und Lösungsansätze.

Zwei Arten des Spielens

- Spielen als Auflockerung: 5-10 Minuten spielen pro Tag bewirkt im Team bereits einiges. Durch den Spaßfaktor wird die intrinsische Motivation gefördert und die Menschen werden agiler.
- Spielen zur Lösungsfindung: Das lösungsorientierte Spiel wird eingesetzt, um eine konkrete Fragestellung zu lösen und mit Hilfe von Inspirationen neue Ideen zu generieren und Entscheidungen zu treffen.

Mögliche 5-Minuten-Spiele (Spaß)

- Stadt, Land, Fluss
- Schere, Stein, Papier
- Ich sehe was, was du nicht siehst und das ist ...
- Wer bin ich?

- Hangman/Galgenmännchen
- Scharade
- Wer würfelt zuerst dreimal die 6?
- Ich packe in meinen Koffer und nehme mit …

> In einer Ära, in der Arbeit Spass machen soll, ist es an der Zeit, den Gegensatz zwischen ernsthafter Arbeit und freudvollem Spiel aufzulösen.

Was bietet Playful Business für einen Nutzen/Mehrwert?

Das Spiel fördert das lösungsorientierte kreative Denken und schaltet die Angst als Hemmer aus. Das Spielen und der Flowzustand ermöglichen es, die Kraftquelle in sich zu spüren und diese als zusätzliches Potenzial anzusehen. Lösungsorientiertes kreatives Denken kann so bei jedem Menschen gezielt auf Knopfdruck innert kürzester Zeit ausgelöst und aktiviert werden.

Playful heißt, Ansporn und Spaß wiederfinden und die Emotionen aus der Kindheit spielerisch in die Zukunft mitnehmen. Etwas einfach tun, ohne richtig oder falsch, alles möglich machen. Darüber hinaus sind Menschen, die im Erwachsenenalter immer noch spielen und auch im Unternehmen spielen dürfen, die glücklicheren und zufriedeneren Menschen als die, die dies nicht tun.

Im Alltag spielt man viel und unbewusst. Eine Partie Schach mit dem Partner, eine Runde Eile mit Weile mit der Familie oder ein Rennen bei Mario Kart gegen den besten Kollegen. Wäre es nicht fantastisch, wenn man das bewusste Spielen in der Businesswelt abrufen könnte?

Brain2Business™ (Spielen zur Lösungsfindung)

Brain2Business™ ist eine Methode mit Inspirationstools, die die Menschen befähigt, schnell in den Flow zu kommen und so unkonventionelle und kreative Ideen und Lösungsansätze zu kreieren. Durch die visuellen Reize und den spielerischen Ansatz wird das lösungsorientierte kreative Denken im Unternehmen gefördert. Dadurch wird das Implementieren und Umsetzen von Maßnahmen vereinfacht. Die Tools basieren auf der wissenschaftlich fundierten Methode der Synektik. Synektik ist eine Kreativitätsmethode, die 1944 von William Gordon, der sich mit Denk- und Problemlösungsprozessen befasste, entwickelt wurde.[1] Es handelt sich um eine Analogietechnik, die die unbewusst ablaufenden Denkprozesse anregt. Synektik bewegt sich bewusst «weg vom Thema». Bei der Synektik wird das Alltagsdenken, auch als vertikales Denken bekannt, dahingehend befreit, als dass die Anwendenden aufgrund von zusätzlichen Reizen gezwungen werden, in neuen oder zumindest ungewohnten Bahnen zu denken. Dadurch wird das laterale bzw. kreative Denken gefördert. Als wesentliches Prinzip gilt: «Mach dir das Fremde vertraut und entfremde das Vertraute.»

Die Tools stützen sich weiter auf die Lernmethode Game-Based Learning (z. Dt. Lernen durch Spielen).[2] Probleme sollen kompetenz- und handlungsorientiert, kreativ, bewertungsfrei und kollaborativ gelöst werden. Ziel ist es, dass soziale Interaktion, Kreativität und Kollaboration einen immer größeren Stellenwert in unserer Welt erhalten.

Brain2Business™

- fördert das spielerische Denken.
- ist ein «Flow-Starter».
- setzt unbewusste Kompetenzen frei.
- bearbeitet komplexe Themen schnell und fokussiert.
- deckt unterschiedliche Ansichten sofort auf.
- verbessert die Zusammenarbeit (kein Hierarchiedenken, Ideen vor Hierarchien).
- aktiviert das kindliche (lösungsorientierte) Handeln.
- stößt die Transformation und den Kulturwechsel an.
- fördert die Lösungsfähigkeit.

Abbildung 6: Brain2Business™ Tool

Mögliche Anwendungsbereiche Brain2Business™

Strategieentwicklung	Pragmatische Erstellung eines Leitbildes/einer Vision
Prozessoptimierung	Schnellere Verbesserung der Unternehmensabläufe

Business Development/Innovation	Perspektivenwechsel bei der Erweiterung der Geschäftsstrategie (z. B. Dienstleistung, Produkt)
Human Resources	Spielerische Gestaltung der Vorstellungsgespräche
Projekt- und Eventmanagement	Schnelles und konstruktives Feedback/Debriefings
Kommunikation	Inspirierender Ideenkatalog für die interne Kommunikation
Kundenbindung	Ideen für Give-aways/Geschenke
Social Media	Erweiterter Ideenkatalog für die Content-Planung
Corporate Identity/Corporate Design	Schnellere Visualisierung und einfacheres Verständnis des CD-Manuals

Warum braucht es spielerische Tools im Berufsalltag?

Wissenschaftler der Martin-Luther-Universität Halle-Wittenberg haben festgestellt, dass verspielte Menschen, wenn es um das Lösen komplexer Problemstellungen geht, leichter die Perspektive wechseln können. Verspieltheit darf hierbei auf keinen Fall im negativen Sinn verstanden werden. Es geht um «intellektuell Verspielte», die viele unterschiedliche Ideen entwickeln oder Alternativen konstruieren. Verspielte Menschen hätten die Gabe, Probleme eher aus verschiedenen Blickwinkeln zu betrachten, Dinge zu durchdenken und unterschiedliche Sichtweisen einzunehmen. Das hätte etwas sehr Spielerisches, mit einer sehr starken intellektuellen Komponente, meint Prof. Dr. René Proyer.[3] Um diese Verspieltheit und gleichzeitig die Gehirngesundheit[4], also die psychische und kognitive Gesundheit, zu fördern, braucht es spielerische Tools.

Der Mensch

Vereint man den Homo faber (schaffender Mensch), den Homo ludens (spielender Mensch) und den Homo hapticus (tastender Mensch) kann lösungsorientiertes Spielen stattfinden. Brain2Business™ fördert die Verbindung dieser drei Typen. Während gespielt wird, arbeitet man automatisch und findet ohne großen Aufwand viele neue Lösungsansätze. Die Gehirnzellen werden in Schwung gebracht, die Gehirngesundheit gefördert und das Arbeiten macht Spaß. Brain2Business™ ist mit Sport vergleichbar. Nur wird hier das Gehirn und nicht der Körper trainiert.

> Hätten Kinder das gleiche Mindset wie Erwachsene, würden sie nie laufen lernen. Sie würden nach zwei, drei misslungenen Versuchen aufgeben. Vielleicht sollten wir in Zukunft vermehrt unsere Kinder als Vorbild nehmen und umgekehrt.

Was ist lösungsorientiertes kreatives Denken?

Das lösungsorientierte kreative Denken besteht aus Inspiration, Intuition, Herzintelligenz, Ratio und Absicht. Zusammen bilden diese fünf Fähigkeiten unser inneres Navi, das uns idealerweise im Leben Halt und Orientierung gibt. Erst im Zusammenspiel kann lösungsorientiertes kreatives Denken stattfinden. Inspiration und Intuition versorgen Handlungsimpulse mit den nötigen Informationen und umgekehrt. Herzintelligenz und Ratio gleichen sich aus und prüfen Entscheidungen nicht nur auf Machbarkeit, sondern auch auf Sinnhaftigkeit. Die Absicht richtet unsere Denkprozesse am Schluss so aus, dass sie in der Welt wirksam werden.[5]

Inspiration

Unsere Welt ist voll von Inspiration: Gemälde, Fernsehsendungen, Gebäude, Räumlichkeiten etc. Man muss nur die Augen öffnen und die Inspiration zulassen. Neues will entstehen.

Intuition

In vielen Situationen wird uns gesagt «Hör auf dein Bauchgefühl». Wir entscheiden uns für etwas, weil uns dies unsere Intuition sagt. Woher dieses Gefühl kommt, wissen wir jedoch nicht. Es fühlt sich einfach richtig an.

Herzintelligenz

Jenseits von Regeln, Gesetzen und kulturellen Normen weiß diese Fähigkeit, was gut, schön und wahr ist. Hören wir auf sie, ist sie ein zuverlässiger Kompass für das, was gern als Menschlichkeit bezeichnet wird. Man lernt am besten, wenn man mit vollem Herzen bei der Sache ist.

Ratio

Hat man eine Lösung gefunden, muss diese auch umsetzbar sein. Genau da kommt unsere Ratio ins Spiel. Unser logischer Verstand weiß ziemlich gut was funktioniert und was nicht.

Absicht

Die Absicht ist unser Sender. Durch sie werden wir in der Welt wirksam (implementieren).

Obwohl es alle fünf Fähigkeiten für lösungsorientiertes kreatives Denken braucht, muss die Herzintelligenz vermehrt gefördert werden. In den letzten Jahren wurde diese vernachlässigt und musste sich weit hinter der Ratio einreihen. Gemäß Marvin Minsky sind Gefühle nichts anderes als eine andere Art zu denken. Gefühle und Gedanken sind unzertrennbar miteinander verbunden und erst in ihrem Zusammenspiel entsteht das, was wir Intelligenz nennen. Kurz: Wer denken will, muss fühlen.[6]

Beispiel «Jubiläumsanlass spielerisch gestalten»

Bei der Frage «Was organisieren wir für das Unternehmensjubiläum?» kann Brain2Business™ zur Hilfe genommen werden. Die Personen würfeln, stellen die Figur auf das Feld, wo sich Blau und Rot kreuzen und beantworten die Frage anhand des Icons. In kurzer Zeit können so viele, unterschiedliche und kreative Ideen generiert werden. Es sollen alle Inputs aufgeschrieben werden. Erst in einem zweiten Schritt wird aussortiert und Unmögliches eliminiert.

Abbildung 7: Würfel: Blau 3, Rot 4 (siehe Abbildung Brain2Business™ Tool)

Icon kombiniert mit der Fragestellung ergibt folgende Inspirationen für den Jubiläumsanlass:

Feuerwehrmagazin besuchen, Raketenflug, Aquapark, Flughafen besichtigen, Kostümparty, Sterne beobachten im Observatorium, Baywatch-Marathon, Sportwettkampf usw.

Fazit

Wer bereit ist, das Potenzial von Playful Business zu erkennen, lässt es zu, die Menschen zu befähigen zukünftige Herausforderungen mit Begeisterung und im Flow zu lösen. Es ist wichtig, dass man etwas bewegt, damit auch kurzfristig Neues im Unternehmen entstehen kann. Playful ist ein Anstoß, um das Mindset der Menschen zu verändern.

Cordelia Hagi, geboren 1965, beschäftigt sich seit über 30 Jahren professionell mit den Themen Playful Business, lösungsorientiertes kreatives Denken und Storytelling. Als Lösungspartnerin für Strategie und Kommunikation begleitet sie CEOs und Geschäftsleitungen aus verschiedensten Branchen und befähigt Menschen, schnell und pragmatisch zum lösungsorientierten kreativen Denken zu gelangen. Als erfahrene Playful Business Expertin verhilft sie Unternehmen zu umsetzbaren Lösungen und damit zum Erfolg. Zudem gibt sie als Referentin Key-Notes zu den Themen Playful Business, Storytelling, lösungsorientiertes kreatives Denken und Resilienz. Sie ist Unternehmerin, Beraterin und Erfinderin der neuen Arbeitsweise «XINIX®» und dem Playful-Tool «Brain2Business™».

Michel Knecht ist ein Teilzeit-Berliner, Ideen-Ninja, Wissensvampir, Neugierjunkie und Humor-Dosis-Benötiger. Neugierde und Vielseitigkeit sind seine besten Freunde. Er spielte nie gerne nach Regeln. Er improvisiert lieber. Diese spielerische Ader hat ihn in die Playful-Welt geführt. Er identifiziert sich mit Playful Business und ist davon überzeugt, dass komplexe Probleme nur verbunden mit einer spielerischen Leichtigkeit in Zukunft gelöst werden können. Perspektivenwechsel und ein gemeinsames Verständnis sind spielerisch viel einfacher zu erreichen. Die tollen Lösungsansätze, die wortwörtlich am Ende eines Workshops auf dem Tisch liegen, treiben ihn immer wieder aufs Neue an. Die Ergebnisoffenheit und die daraus entstehenden Resultate begeistern und überraschen ihn immer wieder.

---

[1] Gordon, W., 1961. Synectics: The Development of Creative Capacity. Harper & Row: Manhattan. 1. Auflage.

[2] LMZ, o. J. Spiel, Spass, Probleme lösen: Game-Based Learning im Blickpunkt. Online: https://www.lmz-bw.de/statische-newsroom-seiten/spiel-spass-probleme-loesen-game-based-learning-im-blickpunkt/.

[3] MDR, 2018. Warum es verspielte Menschen leichter haben. Online: https://www.mdr.de/wissen/mensch-alltag/verspielte-menschen-100.html.

[4] Fissler, P., 2021. Gehirngesundheit. Psychische und kognitive Gesundheit. Spital Thurgau.

[5] Dittmar, V., 2019. Das innere Navi. Wie du mit den fünf Disziplinen des Denkens Klarheit findest. edition est: München.

[6] Minsky, M., 2007. The Emotion Machine. Commonsense Thinking, Artificial Intelli-gence, and the Future of the Human Mind. Simon & Schuster: New York.

Jens Dröge

CO-KREATIV IN DIE ZUKUNFT – LEGO® SERIOUS PLAY® ALS INSTRUMENT PARTIZIPATIVER FÜHRUNG UND ZUSAMMENARBEIT

Unsere Zusammenarbeit und damit die Anforderungen an Führung verändern sich permanent, sicher auch etwas schneller seit Beginn des Jahres 2020. Hinzugekommen sind eine frische Offenheit und interessierte Neugier, die vorher in diesem Maße nicht unbedingt allerorts zu spüren war, geschweige denn gelebt wurde. Aber was bedeutet es nun, gut aufgestellt zu sein, um mit den Führungsherausforderungen der Zukunft erfolgreich umzugehen? Ideen und (spielerische) Ansätze für einen interessanten, erfolgreichen Führungsstil.

Anforderungen an die Führung der Zukunft

Bestand bisher vielleicht nicht offensichtlich die dringende Notwendigkeit, sich zu verändern und Neues zu wagen, gibt es spätestens mit dem Ausbruch der globalen Pandemie, verbunden mit den Beschlüssen zu Ausgangs- und Kontaktbeschränkungen konkreten Handlungsbedarf. Covid-19 war für jeden von uns Anlass, Gewohntes in Frage zu stellen. Es ist spätestens jetzt klar, dass es unerlässlich ist, immer in Bewegung zu bleiben, über Neues nachzudenken, Verschiedenes auszuprobieren und ständig Erfahrungen zu sammeln – vor allem als Führungskraft. All das neben der obligatorischen Überzeugungskraft, der Fähigkeit Konflikte zu managen, analytisch zu denken oder auch Meetings effektiv im Sinne des Teamgeistes zu gestalten. Verbunden damit ist der Anspruch an Partizipation, Kollaboration und Zusammenarbeit bei gleichzeitiger emotionaler Anteilnahme. Wie das gelingt? Mit einem partizipativen Führungsstil![1]

Die Idee des partizipativen Führungsstils

Für die Erreichung und Sicherung des Unternehmenserfolges ist es daher zum Beispiel eine gute Idee, auf die Kreativität und das Engagement von Teams zu setzen. Je nach Aufgabe und fachlichen Fähigkeiten neu zusammengestellt, können sie Großes leisten. Denn werden sie umfänglich an Entscheidungen und Lösungsentwicklungen beteiligt und über konkrete Ziele und Visionen auf dem Laufenden gehalten, folgt daraus eine hohe Motivation. Das lässt ein Team Höchstleistungen erbringen. Die Leistungsbereitschaft nimmt zu und auch die Identifikation mit dem Unternehmen. Entscheidend dafür ist ein besonderes, positives Mindset, mit dem Führungskräfte Teams inspirieren können.

Worin liegt beispielsweise der Sinn eines Meetings, wenn es nicht möglich oder „nicht erlaubt" ist, sich zu beteiligen, wenn 20 Prozent der Teilnehmer 80 Prozent Redeanteil haben? Beteiligung ist der bessere Weg und bietet eine Alternative, um Menschen durch Zeiten beispiellosen und immer schnelleren Wandels zu führen, der förmlich explodiert: durch technologische Entwicklungen und die Herausforderungen der Globalisierung, durch Umwelteinflüsse und durch veränderte Erwartungen an Politik, Gesellschaft und Kultur. Daraus resultieren Herausforderungen für Unternehmen und Organisationen. Niemand kann das allein meistern. Teams, Mitarbeiter und Partner, innerhalb und außerhalb, müssen einbezogen und aktiviert werden.

Um also auf sinnvolle Art zielführend Ergebnisse zu erzielen, müssen Menschen mit all ihren Fähigkeiten und ihrem Expertenwissen deutlich mehr integriert werden und stärker interagieren. Meist kommt es aber genau hier zu einem Interessenkonflikt. Denn obwohl viele Manager von sich behaupten, eine offene Diskussion zu begrüßen, übernimmt als Schutz vor Kontroll- oder Gesichtsverlust eine reale und oft unterbewusste „Handlungsstrategie" die Kontrolle. So schreiben die Organisationsentwickler Argyris und Schön[2], dass Manager zwar sagen, sie wollen andere einbeziehen („vertretende Aktionstheorie"), in ihren Taten („handlungsleitende Theorie") seien sie jedoch darauf bedacht zu kontrollieren und zu schützen.

Von Führungskräften wird einerseits erwartet, klar, tatkräftig und entscheidungsfreudig zu sein. Andererseits müssen sie aufgrund der gestiegenen Komplexität viele verschiedene Menschen einbeziehen, Teams immer wieder je nach Aufgabenstellung neu bilden und offene Diskussionen über Unbekanntes führen. Das gelingt vor allem mit einem partizipativen Führungsstil.

Er macht es möglich, Teams unmittelbar an der Entscheidungsfindung oder dem Entwickeln von Ideen zu beteiligen – auch wenn man als Führungskraft „das letzte Wort" hat. So werden die Kompetenzen im Team bestmöglich für den Unternehmenserfolg genutzt. Es geht um ein Miteinander, ein Identifizieren mit den Herausforderungen und um den größtmöglichen Einsatz aller. Dafür muss man allerdings auch offen sein.

Unterstützen und begleiten – die Grundhaltung partizipativer Führung

Der partizipative Führungsansatz basiert auf Respekt und Engagement. Er bündelt auf konstruktive Weise die Energie jeder zwischenmenschlichen Begegnung. Als fortschrittlicheres, demokratischeres und effektiveres Führungsmodell nutzt er Vielfalt, schafft ein gemeinsames Verantwortungsgefühl und stärkt den Zusammenhalt. Lernerfolge sowohl des Einzelnen als auch der Gruppe werden so intensiviert und sind nachhaltig. Das führt zu echtem Fortschritt und Wachstum. Teams erreichen mehr, arbeiten kreativer und zielorientierter – und jedes Teammitglied fühlt sich wohl. Die gesamte Teamenergie wird optimal eingesetzt.

Partizipative Führung ist damit ein Instrument, um Menschen in einer komplexen Welt anzuleiten. Unterstützen und Begleiten sind feste Bestandteile. Dieser Führungsstil ist aber auch ein Prozess, in und an dem alle gemeinsam ständig lernen und lernen müssen. Es ist wichtig, dass sich alle Teammitglieder einbringen. Etwas, das sich einfach oder zumindest klar und nachvollziehbar anhört, aber tatsächlich in den meisten Fällen gelernt werden muss und kann. Und am besten spielerisch, mit einer Leichtigkeit, die dafür sorgt, das angenommen und nicht abgelehnt wird. LEGO® SERIOUS PLAY® ist genau für diesen Lernprozess gedacht. Diese zielführende Methode bewegt Teams durch partizipative Führung zu gemeinsamer Denk- und Zusammenarbeit – die Basis für den Erfolg.

Offen für neue Ideen – der Schlüssel zum Erfolg

Den meisten Managern fällt die Aufgabe der eigenen Meinung und die Einbeziehung anderer in die Lösungsfindung schwer. In einigen Kulturen werden ein „übersteigertes Selbstvertrauen" bzw. der Anschein, die Kontrolle zu haben, geschätzt und gefördert. All das zu Lasten eines demokratischeren Weges gemeinsamer Lösungsfindung und Ideenentwicklung sowie der Performanz des Teams – zu Gunsten der eigenen Profilierung.

Die Kompetenz des partizipativen Führens kann man erlernen, vor allem dann, wenn die Bereitschaft dazu von einer tiefen inneren Überzeugung getragen wird: Eine unterstützende und begleitende Grundhaltung basiert auf dem festen Willen einer authentischen und übergreifenden Beteiligung. Das Interesse gilt dem, was andere wirklich denken – ohne deren Emotionen, aber mit Blick auf die Meinungs- und Gruppenvielfalt. Und wie sich zeigt, ist LEGO® SERIOUS PLAY® hervorragend dafür geeignet, andere zu beteiligen und einzubeziehen.

Der Ansatz basiert auf fünf Annahmen über Führung und Organisation:

1. Eine Führungskraft allein kennt nicht alle Antworten – das Team schon.
2. Mitarbeiter wollen sich beteiligen, sich einbringen und Verantwortung übernehmen.
3. Die Beteiligung aller führt zu nachhaltigeren Geschäftsmodellen.
4. Teams arbeiten oft suboptimal. Gemeinsames Wissen bleibt häufig ungenutzt.
5. Eine komplexe Umwelt erfordert eine systemische Betrachtungsweise.

Diese fünf Grundannahmen wurden von den LEGO®-Mitarbeitern in der Entwicklungsphase der LEGO® SERIOUS PLAY®-Methode abgeleitet und bilden die Basis der Methode. Sie sind mit den Ansichten über partizipative Führung deckungsgleich. Vor allem jüngere Arbeitnehmer, die „Gaming Natives", haben den spielerischen Umgang mit realen und virtuellen Welten bereits gelernt und sind offen für diese neuen Ansätze. Das Einzige, was Workshop-Teilnehmer mitbringen müssen, ist Fantasie.

Geht es um die Zusammenarbeit in der Zukunft, sprechen wir also über anspruchsvolle (notwendige) neue Führungs- und Kommunikationsqualitäten. Die oben aufgeführten Annahmen sind dabei Grundvoraussetzungen, um in und mit Teams erfolgreich zu sein oder zu werden. Märkte, Arbeitsumgebungen und -bedingungen verändern sich rasch. Wer in der Lage ist, flexibel, schnell und solide zu handeln, hat einen Vorsprung. Workshops und Meetings, die zu einer Verbesserung der Kommunikation und damit zu effektiven und effizienten Problemlösungen führen, sind daher gefragter denn je. Genau dafür wurde die LEGO® SERIOUS PLAY®-Methode entworfen und ausgestaltet.

Ein Workshop mit der LEGO® SERIOUS PLAY® Methode – die Idee

LEGO® SERIOUS PLAY® wurde 1996 auf Anregung des LEGO®-Haupteigentümers Kjeld Kirk Kristiansen entwickelt. Unzufrieden mit den bis dahin bekannten Methoden der Strategieentwicklung, war er für die LEGO®-Gruppe auf der Suche nach einem neuen, innovativen Prozess der Strategieentwicklung und schickte daher seine Führungskräfte auf eine Schulung an das Institute for Management Development (IMD) in Lausanne.

Dort trafen die Führungskräfte auf die Professoren Johan Roos und Bart Victor, die ebenfalls an alternativen strategischen Planungsideen forschten und dafür LEGO®-

Steine nutzten.3 Diese Forschung bildete die Grundlage von LEGO® SERIOUS PLAY® und zusammen mit Robert Rasmussen, Leiter der Produktentwicklung bei LEGO® Education, bildeten diese drei das Entwicklungsteam für LEGO® SERIOUS PLAY®.

Der strategische Hintergrund kam von Roos, das Verständnis der Organisationsentwicklung von Victor und die Lern- und Entwicklungstheorien von Rasmussen. Sie entwickelten über einen Zeitraum von mehreren Jahren den LEGO® SERIOUS PLAY®-Prozess und stellten ihn 2002 der Öffentlichkeit vor.

Seit Juni 2010 ist die Methode unter einer Creative Commons Lizenz öffentlich nutzbar, bleibt aber als Marke geschützt und LEGO® regelt in einer Markenrichtlinie die Verwendung durch Moderatoren. Heute nutzen Unternehmen aller Größen, Start-ups, Behörden oder auch NGOs (z. B. SOS-Kinderdörfer) LEGO® SERIOUS PLAY® im strategischen, kommunikativen, akademischen und im öffentlichen Bereich sowie auch für Teamentwicklungsprozesse.

Dabei ist LEGO® SERIOUS PLAY® weit mehr als eine Methode. LEGO® SERIOUS PLAY® ist ein Prozess, ein Kommunikationswerkzeug bzw. eine eigene Sprache, eine Dienstleistung, ein Rahmenwerk, eine Produktlinie und ein Meeting-Tool in einem. Die Idee echter Beteiligung und partizipativer Führung skizziert die Philosophie der LEGO® SERIOUS PLAY®-Workshops, auf ihr basiert die Methode – auch die Übertragung in das Medium Online oder neue Mischformen sind jederzeit machbar.

Die von LEGO® für diese Workshops speziell zusammengestellten LEGO® SERIOUS PLAY®-Kästen enthalten eine umfangreiche Auswahl von LEGO®-Steinen. Mit deren Hilfe entwickeln die Workshop-Teilnehmer Modelle und Metaphern ihrer Sicht auf die unterschiedlichsten Aspekte ihrer Geschäftswelt und kommunizieren sie den anderen Teilnehmern: Jeder baut, jeder teilt und jeder reflektiert. Es geht um Teilhabe und Einbeziehung in jeder Hinsicht.

LEGO® SERIOUS PLAY®

Ein LEGO® SERIOUS PLAY®-Workshop ist ein geführter Prozess, während dem eine Spielwelt entsteht, die durch immer neue Kombinationen eine Unmenge von Gestaltungsmöglichkeiten zulässt. Mit LEGO®-Figuren lassen sich so alle erdenklichen Teambeziehungen und Prozesse darstellen und weiterentwickeln.

Der Facilitator erstellt für den Workshop die Rahmenbedingungen und Regeln. Die Teilnehmer werden von ihm durch eine Reihe von auf das Ergebnis ausgerichtete Aufgaben geleitet und bauen eigenständig die Antworten mit Hilfe spezieller LEGO®-Steine quasi als metaphorisches „3D-Modell der eigenen Gedanken"4. Sie dringen so immer tiefer zur Lösung der Themenstellungen vor. Die LEGO®-Modelle sind Werkzeug und Basis für den Austausch von Erkenntnissen, Problemlösungen und als Entscheidungsgrundlage in der Gruppe. Die neutral gehaltenen Figuren lassen sich individuell gestalten und interpretieren.

LEGO® SERIOUS PLAY® Skills Build und Baustufen

Bevor in einem LEGO® SERIOUS PLAY®-Workshop das tatsächliche Entwerfen, Bauen und Problemlösen beginnt, ist ein gute Vorbereitung von großer Bedeutung. Um jeden Teilnehmer mit seinen individuellen Präferenzen und Gedankenmustern abzuholen, ist das so genannte LEGO® SERIOUS PLAY® Skills Build notwendig. Es besteht aus drei Phasen:

Im technischen Skills Build werden die Teammitglieder vertraut mit den Steinen gemacht, dürfen und sollen ausprobieren. Für eine erste Aufgabe, den Bau beispielsweise eines Turms oder einer Brücke, ist es vollkommen egal, wie die Steine miteinander verbunden werden – Hauptsache die Art und Weise ist ungewöhnlich. Gefördert wird damit das out-of-the-box-Denken. Mögliche Berührungsängste und Anfangsirritationen lösen sich. Bei gleicher Ausgangsbasis werden trotzdem alle ein unterschiedliches Verständnis vom Gleichen haben. Es gibt kein Richtig oder Falsch.

Im methaphorischen Skills Build werden sich die Teammitglieder darüber klar, dass ein Stein jede Bedeutung annehmen kann, die man ihm zuspricht. Ein roter Stein kann zeitgleich „Feuer", „Liebe" und auch eine „Salami" sein. Durch das Verankern von Steinen und Worten lassen sich Bilder und Begriffe besser merken.

Im folgenden Storytelling Skills Build werden die technischen und metaphorischen Skills miteinander kombiniert, um mit den Steinen kurze und knappe Geschichten zu erzählen.

Eine einfache Aufgabe wie z.B. „Baue ein Modell deines Traumurlaubs" führt dazu, dass sich Teilnehmer spielerisch und locker-leicht über Modelle ausdrücken können. Offenheit und ein Klima der Vertrautheit untereinander entstehen – ein sicheres

Umfeld für die späteren, teils intensiven Einheiten mit weitaus komplexeren und intensiven Aufgabenstellungen.

LEGO® SERIOUS PLAY® ergänzt damit das Sehen und Hören um ein weiteres Element: die kinästhetische Kommunikation. Anhand der gebauten Modelle kann man sich besser ausdrücken, besser zuhören und sich die Ergebnisse besser merken.

LEGO® SERIOUS PLAY® Workshops – die Bauphasen

Nach dieser Vorbereitung schließt sich der eigentliche Workshop mit der Baustufe 1 an, dem individuellen Modell. Ohne dieses Modell kann kein gemeinsames Modell (Baustufe 2) entstehen und ohne das gemeinsame Modell kein Systemmodell (Baustufe 3).

In einem Workshop der Baustufe 2 entsteht im Team aus den wesentlichen Kernaussagen aller individuellen Modelle ein gemeinsames Verständnis über ein Thema von gemeinsamem Interesse. Dabei kommen die Prinzipien der partizipativen Führung voll zur Geltung: Jeder Teilnehmer wird mit seiner Zustimmung aber auch mit seinen Vorbehalten angehört, so dass eine gemeinsame Aussage entsteht, die von allen gleichermaßen getragen und akzeptiert wird.

Workshops der Baustufe 1 (individuelles Modell) als auch der Baustufe 2 (gemeinsames Modell) können sowohl in Präsenz als auch online durchgeführt werden. Online gibt es zwei Vorgehensweisen: Den von Sean Blair und Jens Dröge5 entwickelten Magic Hands©-Prozess, als auch den erweiterten Magic Hands© und Build Along©-Prozess. Beide Prozesse transferieren die Prinzipien von LEGO® SERIOUS PLAY® und der partizipativen Führung n die Online-Welt. Sie unterscheiden sich allerdings im Grad der Komplexität.

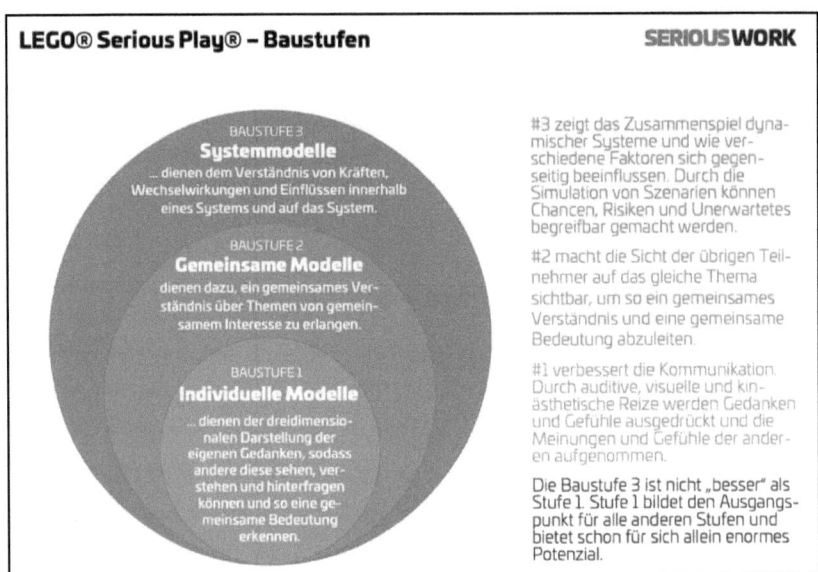

Abbildung 8: Die LEGO® SERIOUS PLAY® Baustufen, entwickelt von Sean Blair. Vgl. Blair, Sean/Rillo, Marco/Dröge, Jens: SERIOUSWORK: Meetings und Workshops mit der LEGO® Serious Play®-Methode moderieren, Vahlen, München 2019, S.71

95% aller LEGO® SERIOUS PLAY®-Workshops finden in der Baustufe 2 statt. In den übrigen Fällen schließt sich das Systemmodell (Baustufe 3) an, dass ungleich komplexer, aber auch höchst wirkungsvoll ist. Seitens des Facilitators wird sehr viel Erfahrung erfordert. Systemmodelle eignen sich für komplexe Sachverhalte und das Simulieren bekannter und unbekannter Auswirkungen: Wie wirkt sich ein Ereignis auf ein System aus (z.B. die Unternehmensstrategie) und wie verhält es sich daraufhin. Die miteinander verbundenen und aus LEGO®-Modellen gebauten Einflussfaktoren können genau betrachtet werden. Es lassen sich Gegenmaßnahmen aus dieser Simulation ableiten und bewerten.

Demokratische Beteiligung

Grundsätzlich ist LEGO® SERIOUS PLAY® ist ein partizipativer Gruppenprozess, in dem jeder Teilnehmer zu 100 % in die Entscheidungsfindung eingebunden ist – online wie Präsenz. Ein Workshop mit LEGO® SERIOUS PLAY® folgt dabei stets dem gleichen Ablauf - Dem LEGO® SERIOUS PLAY®-Kernprozess (auch Teilnehmerprozess genannt).

Er besteht aus (vgl. Abbildung 9):

Fragen: Der Facilitator präsentiert eine ergebnisoffene und ergebnisorientierte Aufgabe.

Bauen: Die Teilnehmer entwickeln mit Hilfe von LEGO®-Steinen und Metaphern die Antwort. Diese entsteht während des Bauens intuitiv.

Teilen: Jeder stellt sein Modell und die Antworten vor. Zuhören und Rückfragen führen zu einem tieferen Verständnis.

Reflektieren: Gezielte Fragen des Facilitators regen zum Nachdenken und zum Verständnis hinter Gesagten an.[6]

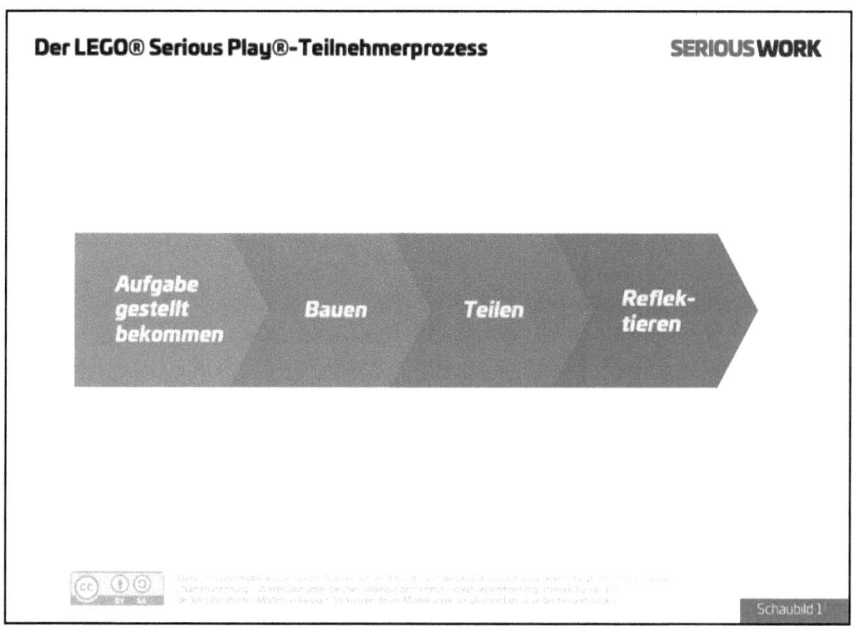

Abbildung 9: Der LEGO® SERIOUS PLAY® Kernprozess (auch Teilnehmerprozess genannt).[7]

Dieses Vorgehen, in dem jeder Teilnehmer baut und sein Ergebnis hinterher vorstellt, führt zu einer wertvolleren, aufschlussreicheren und ehrlicheren Diskussion und 100% Beteiligung. Es entsteht eine Kreativität, die das Gehirn zu einem anderen Arbeiten anregt, wodurch sich neue Perspektiven ergeben. Das Ergebnisoffene vermeidet zudem dazu, dass Teilnehmer sich vorab positionieren.[8] So gelingt eine Fokussierung auf Ideen und nicht auf Meinungen, was die Qualitäten einer guten Führungskraft unterstreicht.

Denn wenn eine Führungskraft immer das letzte Wort haben und die Situation kontrollieren will und permanent den eigenen Standpunkt vertritt, wird dieses Verhalten oft auch als penetrant, voreingenommen oder rechthaberisch betrachtet. Nut wer partizipativ führt, nimmt eine andere Rolle ein und lässt demokratische Entscheidungsprozesse zu.

LEGO® SERIOUS PLAY® – partizipativ online und in Präsenz

Durch die globale Pandemie stellte sich zu Beginn des Jahres 2020 die Frage, wie sich im Zeichen immanenter Online-Meetings auch im digitalen Raum echte Beteiligung sicherstellen lässt und Führung partizipativ gestaltet werden kann. Die Antwort liegt auch hier in LEGO®-Steinen, auch wenn konservative Trainer das Dogma aufrechterhalten, dass sich eine Methode wie LEGO® SERIOUS PLAY® nicht in die Online-Welt übertragen lässt. Ihrer Meinung nach gingen wesentliche Elemente, wie das haptische Erlebnis oder das Gefühl der Gemeinsamkeit verloren.[9]

Richtig ist, dass gewohnte Prozesse nicht einfach nur auf das Medium Online übertragen werden können. Daher stellten sich für Blair und Dröge die Frage, welche Möglichkeiten die digitalen Tools bieten, um einen Workshop zu entwickeln, der das Beste aus beiden Welten vereint.

Anstatt einen analogen Prozess mangelhaft digital abzubilden, erforderte die Übertragung in die Online-Welt eine Idee, die es möglich machte, LEGO®-Steine physisch verwenden zu können. Für die Online-Workshops bekommen die Teilnehmer deshalb kleinere LEGO®-Sets zugeschickt, mit denen dann in einer virtuellen Konferenz gemeinsam gearbeitet werden kann und so echte Partizipation auch im Homeoffice erleb- und begreifbar gemacht werden kann.

So können auch Online die Teilnehmer über ein gemeinsames Modell gleichberechtigt einbezogen werden, das gleiche Verständnis zu einem Thema entwickeln und

Verantwortung für das Ergebnis übernehmen. Das von Blair und Dröge entwickelte Vorgehen beinhaltet dafür verschiedene Phasen: zerlegen, hochladen, zusammenfassen nachbauen, „Magic-hands©" und optional „Build-along©". Grundlage dafür sind stets das so genannte Skills Build und ein von jedem Teilnehmer gebautes individuelles Modell.

Abbildung 10: Teilnehmer eines Workshops, die voller Konzentration die Antwort auf eine komplexe Fragestellung bauen. Quelle: Jens Dröge

Zusätzlich zu den Steinen erhalten die Teilnehmer detaillierte Anweisungen, wie der Arbeitsplatz ideal aufgebaut und ausgeleuchtet wird, wie die individuellen Modelle in die Kamera präsentiert werden sollten und wie zusätzliche Kameraperspektiven die Wahrnehmung und das Gruppenerlebnis verbessern.[10] Ein guter Aufbau unterstützt die positive Erfahrung, die Tiefenwirkung und erleichtert die schnelle Umsetzung.

Auch online kann der Prozess für den „Spieler" intensiv und fesselnd sein. Er konzentriert sich aber stets auf ernsthafte organisatorische Fragestellungen. Es handelt sich eben nicht um Spielen im kindlichen Sinne, sondern um tatsächlich harte Arbeit, also „Serious Work".

Das verlangt allerdings von Traditionalisten, dass sie sich mit ihren bestehenden Glaubenssätzen auseinandersetzen. Online LEGO® SERIOUS PLAY® ist dabei kein Ersatz für klassische Workshops, sondern eine gute Ergänzung partizipativer Führung.

Gute, durchdachte Meetings – der Weg zum Ziel

Mit Meetings können und sollen Ziele erreicht werden. Wenn Führungskräfte allerdings Meetings moderieren, in denen sie ihre eigene Meinung verfechten oder emotional involviert sind, führt partizipative Führung zu einem inhärenten Konflikt. Denn es ist nahezu unmöglich, einen Gruppenprozess zu leiten und gleichzeitig seine eigenen Interessen zu vertreten.

Zwar wird eine Führungskraft stehts vorgeben, neutral zu moderieren. In Wahrheit aber manipuliert sie den Prozess so, dass die Gruppe dessen Meinung akzeptiert. Es ergibt daher Sinn, auf einen externen Moderator zurückzugreifen, der weder dem Team noch der Organisation angehört. Er stellt sicher, dass die Meinung der Führung genauso gehört wird wie die der anderen. Nur so können Führungskräfte alle Perspektiven verstehen, bevor sie einen Konsens erzielen. Das funktioniert über mehrere Phasen:

A. Schaffung einer kooperativen Beziehung

Setzen gemeinsamer Verbindlichkeit sowie Entwerfen und Anpassen von Prozessplänen, um Anforderungen der Auftraggeber zu erfüllen.

B. Planung angemessener Gruppenprozesse

Auswählen klarer Methoden und Prozesse sowie Vorbereitung und Gestaltung eines den Gruppenprozess unterstützenden Rahmens.

C. Partizipative Umgebung schaffen und erhalten

Fertigkeiten in beteiligungsorientierter Kommunikation zeigen, Diversität würdigen und die Teilhabe aller sicherstellen, Konflikte in der Gruppe managen und Kreativität hervorlocken.

D. Die Gruppe zu angemessenen und nützlichen Ergebnissen und Resultaten führen

Die Gruppe mit klaren Methoden und Prozessen leiten, Selbsterkenntnis in Bezug auf die Aufgabe begleiten und im Konsens zu den gewünschten Ergebnissen führen.

E. Fachliches Wissen aufbauen und erhalten

Eine Wissensbasis pflegen und eine Vielzahl von Methoden kennen.

F. Vorbild für positive professionelle Haltung sein

Selbstbeobachtung und Selbstbewusstheit praktizieren und Im Vertrauen in das Potenzial der Gruppe ein Vorbild für Neutralität sein.

Im Einklang mit den sechs Kernkompetenzen der partizipativen Führung

Partizipativ geführte, gelungene Meetings sind integrierend. Die Teilnehmer sind voller Energie und intellektuell wie auch emotional voll engagiert. Die Motivation der Teilnehmer erfolgt durch klar definierte Ziele und Ergebnisorientierung. Solche Meetings folgen einem Prozess, der so konzipiert ist, dass Ergebnisse erzielt und gleichzeitig Energie und Vielfalt maximiert werden. Sie sind transparent. So wird die Aufmerksamkeit der Teilnehmer auf den Erkenntnisgewinn und die Ableitung konkreter Maßnahmen gelenkt. Es herrscht ein gesundes, wertschätzendes Klima. Durch gegenseitigen Respekt und die Möglichkeit des individuellen und gemeinsamen Lernens wird eine energiegeladene und lebendige Kultur geschaffen.

Stellt man fest, dass Meetings weniger optimal ablaufen, dann lassen sich diese Prinzipien in Zukunft in Besprechungen, Meetings oder Workshops einzusetzen. Durch die Fokussierung auf und das Wertschätzen von Ideen werden typischen Fehler eines Meetings vermieden:

- alle Teilnehmer sind beteiligt und können sich nicht zurücklehnen
- es herrscht 100% Redeanteil aller: Einzelne können nicht dominieren
- es entsteht ein gemeinsames Verständnis unterschiedlicher Perspektiven
- Gespräche finden auf der Sachebene statt
- die Zeit ist von Ergebnissen geprägt und nicht von Diskussionen[11]

Nur eine wirklich gute Vorbereitung, ein präzise geplanter Ablauf und klar definierte Ziele sind die Garanten für den Erfolg, die Schlüsselelemente jedes erfolgreichen und professionell moderierten Workshops und jedes Meetings. Ganz unabhängig davon, ob sie online oder in Präsenz stattfinden. Und selbst bei Meetings mit wenigen Teilnehmern und nur einer Stunde Dauer lohnt es sich, mindestens ein Ziel zu definieren. Dies erfolgt über fünf wesentliche Fragen, die sich jeder stellen sollte:

1. Wie sieht das beste Ergebnis aus?
2. Welchen Unternehmenszielen muss das Meeting bzw. der Workshop gerecht werden?
3. Angenommen, der Termin war erfolgreich. Was hat sich zum Besseren gewandelt?

4. Angenommen das Meeting ist nur eines in einer Reihe von weiteren Aktivitäten? Was ist das große, umfassende Ziel?
5. Was soll sonst noch mit dem Meeting erreicht werden?

Partizipation bedeutet Neugierde und Entdeckungsdrang

LEGO® SERIOUS PLAY® ist ein spannendes Werkzeug, das in und durch Gemeinschaft funktioniert. Damit die Methode funktionieren kann, werden keine Ergebnisse vorgegeben. Stattdessen wird gegenseitiges Lernen unterstützt und gepflegt. Teammitglieder werden nicht gezwungen, sich an einem vorgegebenen Weg zu orientieren, sondern erhalten die notwendige Zeit und Freiheit, um zu reflektieren und mit eigenen Ideen aufzuwarten.

Die durch einen externen Facilitator geschaffene Rahmenbedingungen sorgen dafür, dass alle Lernstile gleichberechtigt sind: Aktivisten, Nachdenker, Theoretiker und Pragmatiker befassen sich geschützt und einträchtig mit einem Thema – allein und in der Gruppe. So bewegen die partizipativ geführten LEGO® SERIOUS PLAY®-Workshops Teams zu einer gemeinsamen Denk- und Zusammenarbeit. Denn der partizipative Führungsstil geht von der Neugier und dem Entdeckertrieb der Teammitglieder aus. Er begleitet dabei, wenn es gilt Verständnis für Problemstellungen zu erlangen und die besten Lösungen zu finden. Es gibt keine Dominanz Einzelner.

Wer sich auf LEGO® SERIOUS PLAY® einlässt, wird von der Kombination aus online und offline begeistert sein. Diejenigen, die sich mit jedoch mit spielerischen Ansätzen schwertun, sollten dies jedoch als Gelegenheit verstehen, sich auf auch unter partizipativen Gesichtspunkten auf eine fantastische Methode einzulassen.

Jens Dröge ist Trainer und Moderator und Experte für LEGO Serious Play. Er ist der deutsche Autor von SERIOUSWORK und Mastering LSP und war der erste, der die Methode für das Internet weiterentwickelt hat. Sein neuestes Buch „So funktioniert LEGO Serious Play online" erschien im April 2021. Zuvor war er Unternehmensberater bei Porsche Consulting, hatte aber laut eigener Aussage „keine Lust mehr gehabt, anderen zu sagen, was sie tun sollen". Er sagt, zu der Methode sei er gekommen wie die Jungfrau zum Kinde. Online-LSP sei eigentlich über seine Kinder entstanden: Vorlesen im Lockdown, Gehversuche mit Zoom und dann Einarbeitung in die Technik – dann der Gedanke, da muss mehr möglich sein.

[1] Müller, Eva B.: Innovative Leadership - mit eBook & Arbeitshilfen online: Die fünf wichtigsten Führungstechniken der Zukunft, Haufe-Lexware, Freiburg 2013, S. 195

[2] Vgl. Argyris und Schön, 1974, Theory in Practice

[3] Ihre Arbeit haben Roos und Victor 1998 unter dem Titel „In Search for Original Strategies: How About Some Serious Play?" veröffentlicht

[4] Vgl. Blair, Sean/Rillo, Marco/Dröge, Jens: SERIOUSWORK: Meetings und Workshops mit der LEGO® Serious Play®-Methode moderieren, Vahlen, München 2019, S.27

[5] Vgl. Blair, Sean/Dröge; Jens: So funktioniert die LEGO® Serious Play®-Methode Online, Vahlen, München 2021, S. 19

[6] Die LEGO® Serious Play Open Source Dokumentation spricht nur von 3 Phasen. Die Reflexionsphase hat sich durch gängige Praxis entwickelt. Vgl. LEGO® Serious Play® Open- Source – Introduction to LEGO® Serious Play®, S.14; https://seriousplaypro.com/about/open-source/ (Abrufdatum 12.12.2020)

[7] Vgl. Blair, Sean/Rillo, Marco/Dröge, Jens: SERIOUSWORK: Meetings und Workshops mit der LEGO® Serious Play®-Methode moderieren, Vahlen, München 2019, S.67

[8] Vgl. Dröge Jens: Spielerisch innovativ sein. In: Zeitschrift Konstruktionspraxis, Würzburg 9/2020, S. 26

[9] „Wine experts would agree that it is not the same to see a good wine in an online catalog, to smell it, taste it and drink it accompanied by good friends in a small town in Italy or Spain, with medieval air." Robert Rasmussen: The On-line LSP Training vs. the real time – lsp face to face

[10] So muss das so genannte obligatorische Skills Build, bei dem wesentliche Grundlagen in der Arbeit mit LEGO® SERIOUS PLAY® vermittelt werden, um eine „online-Komponente" ergänzt werden.

[11] Vgl. Dröge Jens: Lean in and be in flow – Kreative Lösungsfindung mit LEGO® Serious Play. In: Zukunft gestalten – Das Magazin für Unternehmer und Führungskräfte, Reutlingen 3/2015, S. 21